História
da Coluna Infame

FUNDAÇÃO EDITORA DA UNESP

Presidente do Conselho Curador
Mário Sérgio Vasconcelos

Diretor-Presidente / Publisher
Jézio Hernani Bomfim Gutierre

Superintendente Administrativo e Financeiro
William de Souza Agostinho

Conselho Editorial Acadêmico
Luís Antônio Francisco de Souza
Marcelo dos Santos Pereira
Patricia Porchat Pereira da Silva Knudsen
Paulo Celso Moura
Ricardo D'Elia Matheus
Sandra Aparecida Ferreira
Tatiana Noronha de Souza
Trajano Sardenberg
Valéria dos Santos Guimarães

Editores-Adjuntos
Anderson Nobara
Leandro Rodrigues

Coleção
Pequenos Frascos

Alessandro Manzoni

História
da Coluna Infame

Tradução
Jorge Coli

editora
unesp

Título original: *Storia della Colonna Infame*

© 2024 Editora Unesp

Direitos de publicação reservados à:
Fundação Editora da Unesp (FEU)
Praça da Sé, 108
01001-900 – São Paulo – SP
Tel.: (0xx11) 3242-7171
Fax: (0xx11) 3242-7172
www.editoraunesp.com.br
www.livrariaunesp.com.br
atendimento.editora@unesp.br

Dados Internacionais de Catalogação na Publicação (CIP)
de acordo com ISBD
Elaborado por Odilio Hilario Moreira Junior – CRB-8/9949

M296h

Manzoni, Alessandro
  História da Coluna Infame / Alessandro Manzoni; traduzido por Jorge Coli. – São Paulo: Editora Unesp, 2024.

  Tradução de: *Storia della Colonna Infame*
  Inclui bibliografia.
  ISBN: 978-65-5711-214-4

  1. Ensaio literário.   2. História italiana.   3. Peste negra.   I. Coli, Jorge.   II. Título.

  2024-1172   CDD 808.84
                                                         CDU 82-4

Editora afiliada:

Sumário

7 . Introdução
25 . Capítulo 1
41 . Capítulo 2
79 . Capítulo 3
123 . Capítulo 4
183 . Capítulo 5
209 . Capítulo 6
235 . Capítulo 7

Introdução

OS JUÍZES QUE, EM MILÃO, NO ANO DE 1630, condenaram a suplícios terribilíssimos alguns acusados de terem propagado a peste com certos inventos tão tolos quanto horríveis, pensaram ter realizado algo tão digno de memória que, na própria sentença, depois de decretarem, como acréscimo aos suplícios, a demolição da casa de um desses desventurados, decretaram também que naquele espaço se erguesse uma Coluna, que deveria ser chamada de Infame, com uma inscrição que transmitisse aos pósteros a notícia do atentado e da pena. E nisto não se enganaram: aquele julgamento foi de fato memorável.

Em uma parte do escrito anterior,[1] o autor tinha manifestado a intenção de publicar a história; e é esta que ele aqui apresenta ao público, não sem vergonha, sabendo que foi suposta pelos outros como uma obra de extensa matéria e correspondente em magnitude, quando não maior. Contudo, se o ridículo do engano deve recair sobre ele, que lhe seja permitido ao menos protestar que não tem culpa no erro, e que, se vem à luz um rato, ele não disse que as montanhas estavam parindo.[2] Ele apenas disse que, como episódio, tal história se tornaria muito longa e, embora o assunto já tivesse sido tratado por um escritor justamente célebre (*Observa-*

---

1 O romance *Os noivos*. (N. T.)

2 Referência à frase do poeta Horácio: *Parturient montes, nascetur ridiculus mus*: "Os montes estão parindo, nascerá um ridículo rato". Crítica aos escritores que prometem muito e depois não cumprem suas promessas. (N. T.)

ções sobre a tortura, de Pietro Verri), parecia-lhe que poderia ser tratado de novo com propósito diverso. E bastará um breve comentário sobre essa diversidade para mostrar a razão do novo trabalho. Assim se poderia dizer sua utilidade; mas esta, infelizmente, depende muito mais da execução do que da intenção.

Pietro Verri propôs, como indica o próprio título de seu opúsculo, extrair daquele fato um argumento contra a tortura, mostrando como esta teria podido extorquir a confissão de um delito física e moralmente impossível. E o argumento era convincente, assim como o assunto se apresentava nobre e humano.

Mas da história, por mais sucinta que possa ser, de um evento complicado, de um grande mal cometido sem motivo por homens contra homens, devem necessariamente ser extraídas observações mais gerais e de utilidade não tão imediata, porém não menos real. Ao contrário, ao nos contentarmos apenas com aquelas que poderiam servir principalmente a esse propósito específico, há o perigo de formarmos uma noção do fato não apenas pela metade, mas falsa, considerando a ignorância da época e a barbárie da jurisprudência como suas causas, e vendo-o quase como um acontecimento fatal e necessário, e isso seria extrair um erro prejudicial de onde se pode obter um útil ensinamento. A ignorância em física pode produzir inconvenientes, mas não iniquidades; e uma instituição ruim não se aplica por si só. É claro que não era um efeito necessário, ao acreditar na eficácia das unções pestíferas, acreditar também que Guglielmo Piazza e Giangiacomo Mora as haviam empregado; da mesma forma, o fato de a tortura estar em vigor não implicava necessariamente que fosse aplicada a todos os acusados, nem que todos aqueles a quem era aplicada fossem sentenciados como culpados. Uma verdade pode parecer tola por ser evidente demais, mas não raras vezes as verdades excessivamente evidentes, que deveriam estar pressupostas, são em vez disso esquecidas; e do fato de não se esquecer disso depende julgar corretamente aquele julgamento atroz. Procuramos levar isto à luz, mostrar que aqueles juízes condenaram inocentes, dos quais eles, com a firme convicção na eficácia das unções e com uma legislação que permitia a tortura, poderiam reconhecer a inocência; e que, além disso, para considerá-los culpados, para rejeitar a verdade que reaparecia a todo momento, em mil formas e de mil maneiras, com características claras tanto antes como agora, e como sempre, tiveram de fazer esforços contínuos de engenho e recorrer a expedientes cuja injustiça não poderiam ignorar. Certamente não queremos (e seria uma triste premissa) tirar da ignorância e da tortura sua parte nesse fato horrível: foram, a primeira, uma ocasião deplorável, e a segunda, um meio cruel e ativo, embora com certeza não o único nem o principal. Mas acreditamos que é importante distinguir as verdadeiras e efetivas causas, que foram atos iníquos, produzidas por que motivo, senão por paixões perversas?

Apenas Deus foi capaz de distinguir qual sentimento dominou mais ou menos o coração daqueles juízes e subjugou suas vontades: se a raiva contra perigos obscuros, que, impaciente em encontrar um objeto, se agarrava ao que lhe era apresentado; que havia recebido uma notícia desejada e não queria descobrir que era falsa; que havia dito: "Finalmente!", e não queria dizer: "Voltemos ao começo"; a raiva tornada impiedosa por um longo pavor e transformada em ódio e rancor contra os desventurados que tentavam escapar de suas mãos; o medo de decepcionar uma expectativa geral, tão segura quanto precipitada, de parecerem menos habilidosos se descobrissem inocentes, de tornar contra si mesmos os gritos da multidão pelo fato de não ouvi-los; talvez, também, o medo de graves males públicos que pudessem ocorrer:

temor de uma aparência menos torpe, mas também perversa, e não menos miserável, quando se sobrepõe ao temor, verdadeiramente nobre e sábio, de cometer injustiças. Só Deus foi capaz de ver se aqueles magistrados, encontrando os culpados de um crime que não existia, mas que se desejava,[3] foram mais cúmplices ou servos de uma multidão que, cegada, não pela ignorância, mas pela maldade e pelo furor, violava com seus gritos os preceitos mais positivos da lei divina, da qual se vangloriava de ser seguidora. Mas a mentira, o abuso de poder, a violação das leis e das regras mais conhecidas e aceitas, o uso de dois pesos e duas medidas são coisas que também podem ser reconhecidas pelos homens em ações humanas; e, reconhecidas, só podem ser atribuídas a paixões corruptoras da vontade;

---

3 *Ut mos vulgo, quamvis falsis, reum subdere.* Tacit. Ann. I, 39. (N. A.) "Colocar um réu sob falsas acusações, como é costume popular." (N. T.)

e, para explicar os atos materialmente iníquos daquele julgamento, não se poderia encontrar nada mais natural e menos triste do que aquela raiva e aquele temor.

Ora, tais motivos não foram, infelizmente, exclusivos de uma época; nem foi apenas por motivos de erros na física e pelo uso da tortura que essas paixões, como todas as outras, levaram homens que estavam longe de serem celerados por profissão a cometer ações maldosas, tanto em eventos públicos ruidosos quanto nas mais obscuras relações privadas. "Se apenas uma tortura a menos", escreve o autor acima mencionado, "for poupada em virtude do horror que exponho diante dos olhos, será bem empregado o doloroso sentimento que experimento, e a esperança de alcançá-lo me recompensa."[4] Nós, ao propormos aos leitores pacientes que cravem de novo o olhar sobre

---

4 Verri, *Osservazioni sulla tortura*, § VI. (N. A.)

horrores já conhecidos, acreditamos que não será sem um resultado novo e não indigno, se o desprezo e o repúdio que não podemos deixar de sentir a cada vez se voltarem também, e sobretudo, contra paixões que não podem ser banidas como falsos sistemas nem abolidas como más instituições, mas tornarem-se menos poderosas e menos prejudiciais ao reconhecê-las em seus efeitos e detestá-las.

E não temamos acrescentar que também pode ser algo reconfortante em meio aos sentimentos mais dolorosos. Se, diante de um conjunto de fatos atrozes do homem contra o homem, acreditamos ver um efeito dos tempos e das circunstâncias, sentimos, juntamente com o horror e a própria compaixão, um desencorajamento, uma espécie de desespero. Parece-nos ver a natureza humana sendo impelida irresistivelmente ao mal por causas independentes de seu arbítrio, e como se estivesse amarrada a um sonho perverso e angustiante, do qual não consegue se libertar ou sequer perceber. Parece-nos irracional a indignação que surge espontaneamente em nós contra os autores desses fatos, e que, ao mesmo tempo, nos parece nobre e sagrada: o horror permanece e a culpa desaparece; e, ao buscar um culpado contra o qual justamente a razão pode se indignar, o pensamento fica horrorizado ao hesitar entre duas blasfêmias, que são dois delírios: negar a Providência ou acusá-la. Mas quando, olhando com mais atenção para esses fatos, descobrimos uma injustiça que poderia ter sido percebida por aqueles mesmos que a cometiam, uma transgressão das regras aceitas até mesmo por eles, uma ação contrária às luzes que não apenas existiam na época deles, mas que eles mesmos demonstraram ter em circunstâncias similares, é um alívio pensar que, se não sabiam o que estavam fazendo, foi porque não quiseram saber, foi por aquela ignorância que o homem assume e perde a seu bel-prazer, e que não é uma desculpa, mas

HISTÓRIA DA COLUNA INFAME

uma culpa; e que, em tais fatos, podemos ser forçosamente vítimas, mas não autores.

No entanto, eu não quis dizer que, entre os horrores daquele julgamento, o ilustre escritor mencionado nunca veja, em caso algum, a injustiça pessoal e voluntária dos juízes. Eu apenas quis dizer que ele não se propôs a observar qual era, e quanto papel teve nisso, e muito menos demonstrar que foi a principal causa, ou melhor, falando de maneira mais precisa, a única causa. E agora acrescento que ele não teria sido capaz de fazê-lo sem prejudicar seu objetivo particular. Os partidários da tortura (pois as instituições mais absurdas têm partidários até que estejam completamente mortas, e muitas vezes mesmo depois, por causa da própria razão pela qual puderam existir) teriam encontrado uma justificativa para isso. "Vocês estão vendo?", teriam dito. "A culpa é do abuso, e não da coisa em si." Na verdade, seria uma singular justificativa de uma coisa mostrar que, além de ser absurda em todos os casos, ela pôde, em alguns casos especiais, servir como instrumento para as paixões cometerem atos extremamente absurdos e atrozes. Mas as opiniões obstinadas entendem assim. E, por outro lado, aqueles que, como Verri, desejavam a abolição da tortura, teriam ficado insatisfeitos ao ver a causa se misturar com distinções e que, atribuindo a culpa a outra coisa, o horror por aquela fundamental diminuísse. Pelo menos, é o que geralmente acontece: quem quer pôr em evidência uma verdade contestada encontra nos apoiadores, assim como nos adversários, um obstáculo em expô-la em sua forma sincera. É verdade que resta uma grande massa de pessoas sem partido, sem preocupações, sem paixão, que não tem vontade de conhecê-la de nenhuma forma.

Quanto aos materiais que usamos para compilar esta breve história, devemos dizer, em primeiro lugar, que as pesquisas que fizemos para descobrir o processo original, embora

HISTÓRIA DA COLUNA INFAME

facilitadas, e até ajudadas pela mais gentil e ativa cooperação, só nos persuadiram, sempre mais, de que ele esteja absolutamente perdido. No entanto, boa parte dele foi preservada em cópia; eis como: entre esses míseros acusados, encontrou-se, e infelizmente por culpa de alguns deles, uma pessoa importante, dom Giovanni Gaetano de Padilla, filho do comandante do castelo de Milão, cavaleiro de Santiago e capitão de cavalaria; ele conseguiu imprimir suas defesas acompanhadas de um extrato do processo, que lhe foi comunicado porque era réu constituído. Decerto, então, aqueles juízes não perceberam que estavam permitindo que um impressor criasse um monumento mais autorizado e duradouro do que o que haviam encomendado a um arquiteto. Desse extrato, há ainda outra cópia manuscrita, em alguns lugares mais escassa, em outros mais abundante, que pertenceu ao conde Pietro Verri e foi posta e deixada à nossa disposição por seu digníssimo filho, o senhor conde Gabriele, com liberal e paciente cortesia. Foi esta que serviu ao ilustre escritor para trabalhar no opúsculo citado, e está cheia de notas, que são reflexões rápidas ou explosões repentinas de compaixão dolorosa e indignação justa. Tem como título: *Summarium offensivi contra Don Johannem Cajetanum de Padilla;*[5] muitas coisas nele são extensivamente mencionadas, das quais no extrato impresso há apenas um resumo; estão anotados nas margens os números das páginas do processo original, de que foram retirados os diferentes trechos; e também estão espalhadas brevíssimas anotações em latim, todas, porém, com os próprios caracteres do texto: *Detentio Morae; Descriptio Domini Johannis; Adversatur Commissario; Inverisimile; Subgestio,*[6]

---

5 "Sumário ofensivo contra Dom Giovanni Gaetano de Padilla." Em latim no original. (N. T.)

6 "Atraso de Detenção; Descrição do sr. João; Oposição ao Comissário; Inverossímil; Sob Gestão." Em latim no original. (N. T.)

e similares, que são claramente anotações feitas pelo advogado de Padilla para sua defesa. Tudo isso sugere que seja uma cópia literal do extrato autêntico que foi comunicado ao advogado; e que, ao imprimi-lo, ele tenha omitido várias coisas como menos importantes, e outras tenham sido apenas mencionadas. Mas como é possível que haja algumas coisas impressas que estão ausentes no manuscrito? Provavelmente o advogado pôde examinar de novo o processo original e fazer uma segunda seleção daquilo que lhe parecia útil para a causa de seu cliente.

Desses dois extratos, naturalmente, extraímos o máximo que pudemos; e como o primeiro, raríssimo durante muito tempo, foi recentemente reimpresso, o leitor poderá, se desejar, reconhecer, comparando-o com o manuscrito, os trechos que foram retirados da cópia.

As defesas mencionadas também nos forneceram vários fatos e matéria para algumas observações. E, como nunca foram reimpressas e existem pouquíssimos exemplares, não deixaremos de citá-las sempre que tivermos a oportunidade de usá-las.

Por fim, conseguimos pescar algumas pequenas coisas em alguns dos poucos e dispersos documentos autênticos que restaram daquela época de confusão e dispersão, e que estão preservados no arquivo mencionado várias vezes no escrito anterior.

Depois da breve história do processo, achamos que não seria despropositado estabelecer uma história mais breve sobre a opinião que prevaleceu a respeito dele até a época de Verri, ou seja, por cerca de um século e meio. Refiro-me à opinião expressa nos livros, que é, em grande parte, a única que as gerações futuras podem conhecer e que tem sua importância especial. Em nosso caso, achamos curioso ver uma sucessão de escritores seguindo uns aos outros como as ovelhas de Dante, sem se preocupar em se informar sobre um fato a respeito do

História da Coluna Infame

qual acreditavam ter de falar. Não estou dizendo que é algo divertido; porque, depois de testemunhar aquela cruel batalha e aquela horrenda vitória do erro sobre a verdade, e do poderoso furor contra a inocência desarmada, não podemos sentir outra coisa além de tristeza, quase raiva, não importa de quem sejam, pelas palavras de confirmação e exaltação do erro, aquelas afirmações tão seguras, fundadas em uma crença tão negligente, aquelas maldições às vítimas, aquela indignação invertida. Mas tal desgosto traz consigo sua vantagem, aumentando a aversão e a desconfiança por aquele antigo costume, nunca suficientemente desacreditado, de repetir sem examinar e, se me permitem a expressão, de servir ao público o próprio vinho, e, por vezes, aquele mesmo que já o embriagou.

Com esse fim, pensamos em apresentar ao leitor a coletânea de todos os julgamentos sobre esse fato que conseguimos encontrar em qualquer livro. Mas temendo sobrecarregar sua paciência, nos restringimos a alguns escritores, nenhum de fato obscuro, a maioria deles renomada: isto é, aqueles cujos erros são até mais instrutivos, quando não podem mais ser contagiosos.

Capítulo 1

NA MANHÃ DE 21 DE JUNHO DE 1630, por volta das quatro e meia, uma enxerida chamada Caterina Rosa, encontrando-se por infelicidade na janela de uma ponte que existia então no início da Via della Vetra de' Cittadini, do lado que dá para o Corso di Porta Ticinese (quase em frente às colunas de São Lourenço), viu chegar um homem de capa preta, com chapéu sobre os olhos e um papel na mão, "sobre o qual", segundo ela relatou em seu depoimento, "ele punha as mãos com jeito de que estivesse escrevendo". Chamou a atenção dela o fato de que, entrando na rua, "ele tenha se aproximado da parede das casas, logo depois da esquina, e de tempos em tempos passava as mãos sobre a parede. Na hora", acrescenta, "me veio ao pensamento que acaso fosse um daqueles que, em dias passados, estavam untando as paredes". Tomada por tal suspeita, ela passou para outro cômodo, que dava para a rua, e foi observar o desconhecido que se aproximava; "e vi", diz, "que ele estava tocando a dita parede com as mãos".

Na janela de uma casa da mesma rua, havia outra espectadora chamada Ottavia Bono, que não se sabe se concebeu a mesma louca suspeição no início por conta própria, ou apenas quando a outra mulher abriu as portas ao rumor. Ela também interrogada, relata tê-lo visto desde o momento em que ele entrou na rua, mas não menciona muros tocados ao caminhar. "Vi", diz ela, "que parou aqui no final do muro do jardim da casa dos Crivelli... e vi que tinha um papel na mão, sobre o qual pôs a mão direita, pare-

História da Coluna Infame

cendo-me que quisesse escrever; e depois vi que, levantando a mão do papel, ele a esfregou no muro do referido jardim, onde havia um pouco de branco." Provavelmente foi para limpar os dedos manchados de tinta, pois parece que ele estava realmente escrevendo. Na verdade, no interrogatório que lhe fizeram no dia seguinte, quando perguntado "se as ações que executou naquela manhã envolviam escrita", ele respondeu: "Sim, senhor". E em relação a caminhar rente ao muro, se era necessário um motivo para isso, era porque estava chovendo, como mencionou a própria Caterina, mas para extrair uma conclusão desse tipo: "É realmente uma grande coisa; ontem, enquanto ele realizava esses atos de untar, estava chovendo, e é preciso que tenha escolhido aquele tempo chuvoso para que mais pessoas pudessem sujar suas roupas ao dar uma volta, buscando abrigo".

Depois dessa parada, ele voltou, refazendo o mesmo caminho, chegou à esquina e estava prestes a desaparecer, quando, por outro infortúnio, foi encontrado por alguém que entrava na rua e o cumprimentou. Caterina, que, para seguir o untador o máximo que podia, voltou para a mesma janela de antes, perguntou ao outro "quem era o homem que havia cumprimentado". O outro, que, como mais tarde testemunhou, o conhecia de vista, mas não sabia seu nome, disse o que sabia, que era um comissário da Saúde Pública. "E eu disse a esse indivíduo", continua Caterina em seu depoimento, "que vi aquele homem realizando certas ações que não me agradam em nada. No mesmo instante esse assunto se divulgou", ou seja, foi ela, pelo menos principalmente, quem o divulgou, "e as pessoas saíram das portas e viram as paredes cobertas por uma substância gordurosa que parecia amarelada; e em particular os moradores de Tradate disseram que encontraram todas as paredes do corredor de sua porta sujas". A outra mulher confirma o mesmo. Questionada "se

{28}

sabe com que propósito aquele homem esfregou a mão na parede", ela responde: "Depois foram encontradas manchas nas paredes, em especial na porta de Tradate".

E, coisas que em um romance seriam tachadas de inverossímeis, mas que infelizmente a cegueira da paixão basta para explicar, não passaram pela cabeça nem de uma nem de outra que, ao descreverem passo a passo, sobretudo a primeira delas, o percurso que esse homem fez na rua, não eram capazes de dizer se ele tinha entrado naquele corredor: não lhes parecera, de fato, "grande coisa", que esse homem, para realizar tal trabalho, quisesse esperar que o sol tivesse nascido, não fosse pelo menos cauteloso, que não desse pelo menos uma olhada nas janelas; nem que voltasse tranquilamente pelo mesmo caminho, como se fosse costume dos malfeitores permanecerem mais tempo do que o necessário no local do delito; ou que manuseasse impunemente uma substância que poderia matar aqueles que "sujassem suas roupas com ela"; ou muitas outras inverossimilhanças igualmente estranhas. Mas o mais estranho e terrível é que essas coisas também não pareceram tais nem mesmo para o interrogador, e que nenhuma explicação foi solicitada. Ou, se foi solicitada, pior ainda é não ter sido mencionada no processo.

Os vizinhos, a quem o pavor fez descobrirem sabe-se lá quantas sujeiras eles provavelmente tinham diante dos olhos, quem sabe há quanto tempo, sem perceberem, apressaram-se a chamuscá-las com palha acesa. Giangiacomo Mora, barbeiro, que estava na esquina, assim como os outros, achou que as paredes de sua casa haviam sido untadas. E ele não sabia, o infeliz, que outro perigo iminente o aguardava, e pelas mãos do próprio comissário, bem infeliz ele também.

O relato das mulheres logo foi enriquecido com novas circunstâncias; ou talvez mesmo

História da Coluna Infame

aquele relato que fizeram logo em seguida aos vizinhos não tenha sido completamente igual ao que fizeram depois ao capitão de justiça. O filho daquele pobre Mora, sendo questionado mais tarde "se sabe ou ouviu dizer como o referido comissário untava as paredes e casas", responde: "Ouvi uma mulher daquelas que ficam sobre o pórtico que atravessa a referida Vetra, cujo nome não sei, dizer que o referido comissário untava com uma pena, tendo um pequeno frasco na mão". Poderia muito bem ser que aquela Caterina tivesse falado sobre uma pena que ela realmente viu na mão do desconhecido; e todos imaginam com muita facilidade o que mais poderia ter sido batizado por ela de "frasco"; porque, em uma mente que só via unções, uma pena deveria ter relação mais imediata e estreita com um frasco do que com um tinteiro.

Mas infelizmente, naquele tumulto de conversas, não se perdeu uma circunstância verdadeira: a de que o homem era um comissário da Saúde Pública. Com essa pista, descobriu-se imediatamente que era um tal Guglielmo Piazza, "genro da comadre Paola", que devia ser uma parteira muito conhecida naquelas redondezas. A notícia se espalhou pouco a pouco pelos outros bairros e também foi levada por alguém que passou por ali no momento da confusão. Um desses discursos foi relatado ao Senado, que ordenou ao capitão de justiça que fosse imediatamente obter informações e proceder conforme o caso.

"Relatou-se ao Senado que ontem de manhã as paredes e portas das casas da Vetra de' Cittadini foram untadas com substâncias mortíferas", disse o capitão de justiça ao escrivão criminal que o acompanhou nessa expedição. E com essas palavras, já cheias de uma deplorável certeza, e passadas sem correção da boca do povo para a dos magistrados, começa o processo.

Ao ver essa convicção firme, esse medo louco de um ataque imaginário, é impossível não

História da Coluna Infame

lembrar que ocorreu algo semelhante em várias partes da Europa, há poucos anos, durante a epidemia de cólera. Exceto que, daquela vez, as pessoas sem instrução, com poucas exceções, não compartilharam dessa crença desafortunada, ao contrário: a maioria fez o que pôde para combatê-la; e não teria sido encontrado nenhum tribunal que levantasse a mão contra os acusados desse tipo, a não ser para protegê-los da fúria da multidão. É, decerto, uma grande melhoria; mas, mesmo que fosse ainda maior, mesmo que se pudesse ter certeza de que, em uma situação do mesmo tipo, não houvesse mais ninguém que sonhasse com atentados do mesmo gênero, não se deveria por isso acreditar que tenha cessado o perigo de erros semelhantes no modo, se não no objeto. Infelizmente, o homem pode se enganar, e se enganar terrivelmente, com muitas extravagâncias bem menores. Essa suspeita e essa mesma exasperação surgem igualmente por ocasião de

{33}

males que podem muito bem ser, e de fato às vezes são, causados pela malícia humana; e a suspeita e a exasperação, quando não são contidas pela razão e pela caridade, têm a triste virtude de fazer que pessoas inocentes sejam consideradas culpadas com base em evidências frágeis e afirmações precipitadas. Para citar outro exemplo, também não distante no tempo, pouco anterior ao cólera: quando os incêndios se tornaram tão frequentes na Normandia, o que era necessário para que uma multidão acreditasse de imediato que determinado homem era o autor deles? O fato de ser o primeiro que encontraram ali ou nas proximidades; o fato de ser desconhecido e não fornecer uma explicação satisfatória de si mesmo: algo duplamente difícil quando quem responde está assustado e furiosos os que interrogam; ser indicado por uma mulher que poderia ser uma Caterina Rosa, e por um rapaz que, tomado em suspeita ele próprio por um instrumento da malícia alheia e pressionado

História da Coluna Infame

a dizer quem o mandou atear fogo, dizia um nome ao acaso. Felizes os jurados diante dos quais tais acusados compareceram (pois mais de uma vez a multidão executou por si mesma sua própria sentença); felizes aqueles jurados se entraram em sua sala convencidos de que ainda não sabiam de nada, se nenhum eco daquele ruído do lado de fora permanecia na mente deles, se pensaram, não que eles eram o lugar, como frequentemente se diz por uma transferência daqueles que perdem de vista a natureza própria e essencial da questão, por uma transferência sinistra e cruel nos casos em que o lugar já formou um julgamento sem os conhecimentos necessários; mas que eram homens exclusivamente investidos da sagrada, necessária, terrível autoridade de decidir se outros homens eram culpados ou inocentes.

A pessoa que foi indicada ao capitão de justiça para obter informações só podia dizer que vira, no dia anterior, ao passar pela Via della

Vetra, as paredes sendo queimadas e ter ouvido dizer que elas tinham sido untadas naquela manhã por um "genro da comadre Paola". O capitão de justiça e o notário foram até aquela rua; e de fato viram paredes enfumaçadas e uma delas, a do barbeiro Mora, caiada de branco. E também lhes "foi dito, por várias pessoas que se acharam ali", que aquilo havia sido feito por terem sido vistas sendo untadas; "como também pelo dito sr. capitão e por mim, o notário", escreve este, "foram vistos nos lugares chamuscados alguns sinais de matéria untuosa puxando para o amarelo, espalhada como se fosse com os dedos". Que reconhecimento de um corpo de delito!

Uma mulher da casa dos Tradati foi interrogada, a qual disse que encontraram "as paredes do corredor sujas de uma coisa amarela, e em grande quantidade". Foram interrogadas as duas mulheres cujos depoimentos mencionamos; algumas outras pessoas que nada acres-

História da Coluna Infame

centaram quanto aos fatos; e, dentre outras, o homem que cumprimentara o comissário. Perguntado novamente *se*, "ao passar pela Via della Vetra, ele viu as paredes sujas", responde: "Não percebi, pois até então não tinha sido mencionada coisa alguma".

Já havia sido emitida a ordem de prender Piazza, e não demorou muito. No mesmo dia 22, "relata [...] um soldado da companhia do Baricello di Campagna ao mencionado sr. capitão, o qual ainda estava em sua carruagem, indo em direção à sua casa, ao passar pela casa do sr. senador Monti, presidente da Saúde Pública, encontrou naquela porta o mencionado comissário Guglielmo e o levou à prisão, cumprindo a ordem dada a ele".

Para explicar como a segurança do infeliz não diminuía em nada a preocupação dos juízes, decerto não basta a ignorância da época. Tinham como indicativo de culpa a fuga do acusado; que disso fossem levados a entender que o não fugir, e um tal não fugir, deveria ser indício do contrário! Mas seria ridículo demonstrar que alguns homens podiam ver coisas que o homem não pode deixar de ver: ele pode, de fato, não querer prestar atenção nelas.

A casa de Piazza foi imediatamente visitada, revirada por completo, em todas as partes, *in omnibus arcis, capsis, scriniis, cancellis, sublectis,*[1] para ver se havia vasos de unção ou dinheiro, e nada foi encontrado: *nihil penitus compertum fuit.*[2] E nem mesmo isso lhe serviu de nada, como se pode lamentavelmente observar no primeiro interrogatório que lhe foi feito, no mesmo dia, pelo capitão de justiça, com a assistência de um auditor, provavelmente o do tribunal da Saúde Pública.

---

1 "Em todas as partes, arcas, baús, escrivaninhas, gavetas, portas, estantes." Em latim no original. (N. T.)

2 "Absolutamente nada foi descoberto." Em latim no original. (N. T.)

Ele é interrogado sobre sua profissão, suas atividades habituais, o percurso que fez no dia anterior, a roupa que usava; por fim, perguntam "se ele sabe que foram encontradas algumas sujeiras nas paredes das casas desta cidade, especialmente na Porta Ticinese". Responde: "Eu não sei, porque nunca paro na Porta Ticinese". Retrucam que isso "não é verossímil"; querem lhe demonstrar que deveria saber. A quatro perguntas repetidas, responde quatro vezes a mesma coisa, em outros termos. Passa-se a outra coisa, mas não com outro propósito: pois veremos com que cruel malícia insistiram nessa suposta falta de verossimilhança e foram à caça de alguma outra.

Entre os eventos do dia anterior, dos quais Piazza havia falado, estava o fato de ter se encontrado com os delegados de uma paróquia. (Eram fidalgos eleitos em cada uma delas pelo tribunal da Saúde Pública, para vigiar, percorrendo a cidade, a execução de suas ordens.)

Perguntaram-lhe quem eram aqueles com quem ele se encontrara; respondeu que os conhecia "apenas de vista e não de nome". E mais uma vez lhe disseram: "Não é verossímil". Terrível palavra: para compreender a importância dela, são necessárias algumas observações gerais, que infelizmente não poderão ser muito breves, a respeito da prática daqueles tempos nos julgamentos criminais.

Capítulo 2

ESTA, COMO TODOS SABEM, era regulada principalmente, aqui como em grande parte da Europa, pela autoridade dos escritores; pela razão simplíssima de que, em muitos casos, não havia outra autoridade na qual se basear. Eram duas consequências naturais da ausência de um complexo de leis elaboradas com um propósito geral, que os intérpretes se fizessem legisladores e fossem aceitos como tal; pois quando as coisas necessárias não são feitas por aqueles a quem cabe fazê-las, ou não são feitas de forma a serem úteis, surge o pensamento de fazê-las em alguns e a disposição de aceitá-las nos outros, sejam feitas por quem for. Funcionar sem regras é a tarefa mais árdua e difícil deste mundo.

Os estatutos de Milão, por exemplo, não prescreviam outras normas ou condições para a faculdade de submeter um homem à tortura (faculdade admitida implicitamente e considerada daí em diante como inerente ao direito de julgar), a não ser que a acusação fosse confirmada pela fama, e o crime acarretasse a *pena de sangue* e houvesse indícios;[1] mas sem dizer quais. A lei romana, que vigorava nos casos não contemplados pelos estatutos, também não diz mais do que isso, embora use mais palavras. "Os juízes não devem começar pelos tormentos, mas devem primeiro usar argumentos verossí-

---

1 *Statuta criminalia; Rubrica generalis de forma citationis in criminalibus; De tormentis, seu quæstionibus.* (N. A.) "Estatutos criminais; Rubrica geral sobre a forma de citação em assuntos criminais; Sobre torturas, ou interrogatórios." (N. T.)

meis e prováveis; e se, guiados por estes, como por indícios seguros, acreditarem que devem recorrer aos tormentos para descobrir a verdade, devem fazê-lo, desde que a condição da pessoa o permita."[2] Aliás, nesta lei, é expressamente instituído o arbítrio do juiz quanto à qualidade e ao valor dos indícios; arbítrio que posteriormente foi pressuposto nos estatutos de Milão.

Nas assim chamadas Novas Constituições promulgadas por ordem de Carlos V, a tortura nem sequer é mencionada; e, desde aí até o período de nosso processo e por muito tempo depois, encontram-se, porém, e em grande quantidade, atos legislativos em que ela é intimada como pena; nenhum, que eu saiba, no qual esteja regulada a faculdade de adotá-la como meio de prova.

---

2 Cod. Lib. IX; Tit. XLI, *De quæstionibus*, 1. 8. (N. A.) [Sobre interrogatórios. (N. T.)]

E também se vê facilmente a razão disso: o efeito havia se tornado causa; o legislador, aqui como em outros lugares, tinha encontrado, principalmente para aquela parte que chamamos de processo judicial, um substituto que fazia não apenas sentir menos, mas quase esquecer a necessidade de, por assim dizer, sua intervenção. Os escritores, sobretudo desde o momento em que começaram a diminuir os simples comentários sobre as leis romanas e a crescerem as obras compostas com uma ordem mais independente, tanto sobre a prática criminal em geral quanto sobre este ou aquele ponto específico, tratavam da matéria com métodos amplos, ao mesmo tempo que se dedicavam a um trabalho minucioso das partes; multiplicavam as leis interpretando-as, estendendo sua aplicação a outros casos por analogia, deduzindo regras gerais de leis especiais; e, quando isso não bastava, supriam com as regras que lhes pareciam mais fundamentadas na razão, na equidade, no direito natural, seja de forma consensual, até se copiando e se citando uns aos outros, seja com disparidade de opiniões: e os juízes, eruditos nessa ciência (e alguns até mesmo autores), tinham, em quase qualquer caso, e em qualquer circunstância de um caso, decisões a seguir ou a escolher. A lei, digo, havia se tornado uma ciência; na verdade, para a ciência, isto é, para o direito romano interpretado por ela, para aquelas antigas leis dos diferentes países que o estudo e a crescente autoridade do direito romano não haviam feito esquecer e que eram também interpretadas pela ciência, aos costumes aprovados por ela, aos seus preceitos transformados em costumes, era quase unicamente apropriado o nome de lei: os atos da autoridade soberana, qualquer que fosse ela, eram chamados de ordens, decretos, editais ou de outros nomes semelhantes; e levavam consigo uma ideia de algo ocasional e temporário. Para citar um exemplo, os editais dos governadores de Milão, cuja autoridade também era legislativa, valiam apenas enquanto durava o governo de seus autores; e o primeiro ato do sucessor era confirmá-las provisoriamente. Cada *gridario*, como eram chamados, era uma espécie de Édito do Pretor, composto aos poucos e em diferentes ocasiões; a ciência, por outro lado, trabalhando sempre, trabalhando no todo; modificando-se, mas imperceptivelmente; tendo sempre como mestres aqueles que haviam começado como seus discípulos, era, eu diria, uma revisão contínua e em parte uma compilação contínua das Doze Tábuas, confiada ou abandonada a um decenvirato perpétuo.

Essa autoridade tão geral e duradoura dos particulares sobre as leis, quando finalmente se reconheceu a conveniência e a possibilidade de abolir tal autoridade ao criar novas leis mais completas, precisas e organizadas, essa autoridade, digo eu, e se não me engano, ainda é considerada como um fato estranho e funesto para a humanidade, sobretudo na esfera criminal e, mais especificamente, no âmbito do procedimento legal. O quanto era natural já foi mencionado; e, de resto, não se tratava de um fato novo, mas uma extensão, por assim dizer, extraordinária de um fato antiquíssimo e talvez, em outras proporções, perene; pois, por mais que as leis possam ser particularizadas, provavelmente nunca deixarão de precisar de intérpretes nem deixarão de existir juízes que consultem, em maior ou menor grau, os mais renomados entre aqueles, como a homens que estudaram, com propósito e com um intento geral, a questão antes deles. E não sei se um exame mais tranquilo e preciso não nos levaria a concluir que, comparativa e relativamente, também foi benéfico, pois sucedia a um estado de coisas muito pior.

De fato, é difícil que homens que consideram uma variedade de casos possíveis, buscando suas regras na interpretação de leis positivas ou em princípios mais universais e elevados, aconselhem coisas mais injustas, mais insensatas, mais violentas, mais discricionárias do que aquelas que o arbítrio, em casos diversos, pode aconselhar, em uma prática tão facilmente apaixonada. A própria quantidade de volumes e de autores, a multiplicidade e, digamos assim, a progressiva fragmentação das regras por eles prescritas seriam um indício da intenção de restringir o arbítrio e orientá-lo (na medida do possível) segundo a razão e em direção à justiça, já que não é preciso muito para instruir os homens a abusarem da força, dependendo das circunstâncias. Não se trabalha para fazer e elaborar arreios para um cavalo que se pretende deixar correr segundo seu capricho; retiram-se as rédeas dele, se ele as tiver.

Mas isso ocorre com frequência nas reformas humanas feitas em etapas (estou falando de reformas verdadeiras e justas, não de todas as coisas que tomaram esse nome): os primeiros, que as iniciam, acreditam que estão modificando a coisa, corrigindo-a em várias partes, removendo e acrescentando; aqueles que vêm depois, às vezes muito tempo depois, ao verem, com razão, que ainda está ruim, naturalmente param na causa mais imediata, e amaldiçoam, como autores da coisa, aqueles que deram seu nome a ela, pois lhe deram a forma pela qual ela continua a viver e a dominar.

Nesse erro – diríamos quase invejável, quando é companheiro de grandes e benéficas empreitadas – parece ter caído, junto com outros homens ilustres de seu tempo, o autor das *Observações sobre a tortura*. Tanto é forte e fundamentado em demonstrar o absurdo, a injustiça e a crueldade dessa prática abominável, igualmente, parece-nos que ele é, ousamos dizer, precipitado em atribuir à autoridade dos escritores o que havia de mais odioso nisso. E certamente não é o esquecimento de nossa inferioridade que nos dá a coragem de contradizer livremente, como estamos prestes a fazer, a opinião de um homem tão ilustre, e sustentada em um livro tão generoso, mas a confiança na vantagem de termos vindo depois e de poder com facilidade (tomando como ponto principal o que para ele era completamente secundário) observar, com olho mais tranquilo, no conjunto de seus efeitos e na diferença de tempos, como coisa morta e passada para a história, um fato que ele devia combater, como ainda dominante, como um obstáculo atual para reformas novas e muito desejáveis. De qualquer modo, esse fato está tão ligado ao seu e ao nosso argumento que ambos fomos naturalmente levados a mencioná-lo de forma geral: Verri porque, sendo aquela autoridade reconhecida na época do iníquo julgamento, induzia que ela fosse cúmplice, e em grande parte responsável; nós, ao observarmos o que ela prescrevia ou ensinava em vários detalhes, a utilizamos como um critério, subsidiário mas importantíssimo, para demonstrar de forma mais vívida a iniquidade, por assim dizer, individual do próprio julgamento.

"É certo", diz o engenhoso, mas preocupado escritor, "que nada está escrito em nossas leis, nem sobre as pessoas que podem ser submetidas à tortura, nem sobre as ocasiões em que ela pode ser aplicada, nem sobre o modo de torturar, se é com fogo ou deslocamento e dilaceração de membros, nem sobre o tempo que deve durar o espasmo, nem sobre o número de vezes que ele deve ser repetido; todo esse tormento é realizado sobre os homens com a autoridade do juiz, baseado unicamente nas doutrinas dos criminalistas citados."[3]

Mas naquelas nossas leis a tortura estava escrita; estava escrita nas leis de grande parte da Europa,[4] estava escrita nas leis romanas,

---

3 Verri, *Osservazioni sulla tortura*, § XIII. (N. A.)

4 A prática criminal da Inglaterra, ao não buscar a prova do crime ou da inocência no interrogatório do réu, exclui in-

que por muito tempo tiveram o nome e a autoridade do direito comum. A questão, portanto, deve ser se os criminalistas intérpretes (assim os chamaremos, para distingui-los daqueles que tiveram o mérito e a sorte de bani-las para sempre) tornaram a tortura mais ou menos atroz do que ela era nas mãos do arbítrio, ao qual a lei a abandonava quase completamente; e o próprio Verri apresentou, ou pelo menos insinuou, a prova mais forte a favor deles no mesmo livro. "O próprio Farinaccio", diz o ilustre escritor, "falando de sua época, afirma que os juízes,

---

diretamente, mas de modo necessário, aquele meio falacioso e cruel de obter sua confissão. Francesco Casoni (*De tormentis*, cap.I, 3) e Antonio Gomez (*Variarum resolutionum*, etc. tom.3, cap.13, *de tortura reorum* n.4) atestam que, pelo menos em seu tempo, a tortura não era usada no reino de Aragão. Giovanni Loccenio (*Synopsis juris Sueco-gothici*), citado por Ottone Tabor (*Tractat. de tortura, et indiicis delictorum*, cap.2, 18), atesta o mesmo sobre a Suécia; e não sei se algum outro país da Europa escapou desse vergonhoso flagelo ou se foi liberado dele antes do século passado. (N. A.)

História da Coluna Infame

pelo prazer que sentiam em torturar os réus, inventavam novas formas de tormentos; aqui estão suas palavras: *Judices qui propter delectationem, quam habent torquendi reos, inveniunt novas tormentorum species.*[5]

Já disse: a favor deles; pois a intimação aos juízes de se absterem de inventar novas formas de tortura e, em geral, as repreensões e lamentações que testemunham ao mesmo tempo a desenfreada e inventiva crueldade do arbítrio e a intenção, pelo menos, de reprimi-la e envergonhá-la, não vêm tanto de Farinacci, mas sim, eu diria, dos criminalistas em geral. As próprias palavras transcritas aqui, aquele doutor as retira de um mais antigo, Francesco dal Bruno, que as cita como sendo de um ainda mais antigo, Angelo d'Arezzo, ao lado de outras graves e contundentes, que traduzimos aqui:

---

5 "Juízes que, por prazer em torturar os réus, inventam novas espécies de tortura." Em latim no original. (N. T.)

{53}

"juízes, furiosos e perversos, que serão confundidos por Deus; juízes ignorantes, pois o homem sábio abomina tais coisas e molda a ciência com a luz das virtudes".[6]

Antes de todos eles, no século XIII, Guido da Suzara, tratando da tortura e aplicando a esse tema as palavras de um rescrito de Constâncio sobre a custódia do réu, diz que seu objetivo é "impor alguma moderação aos juízes que se tornam cruéis sem limite".[7]

No século seguinte, Baldo aplica o famoso decreto de Constantino contra o dono que mata o servo "aos juízes que rasgam a carne do réu para que confesse"; e ele quer que, se o réu morrer sob tortura, o juiz seja decapitado como homicida.[8]

---

6 Verri, *Osservazioni sulla tortura*, § VIII. – *Farin. Praxis et Theor. criminalis*, Quæst. XXXVIII, 56. (N. A.)

7 Franc. a Bruno, *De indiciis et tortura*, part. II, quæst. II, 7. (N. A.)

8 Guid. de Suza, *De Tormentis*, 1. – Cod. IX, tit. 4, *De custodia reorum*; l. 2 (N. A.)

Mais tarde, Paride dal Pozzo critica aqueles juízes que "sedentos de sangue, desejam matar, não com o objetivo de reparação ou exemplo, mas como motivo de orgulho próprio (*propter gloriam eorum*);[9] e, por isso, devem ser considerados como homicidas".[10]

"Cuide o juiz de evitar o uso de torturas refinadas e inusitadas; pois quem pratica tais atos é digno de ser chamado de carrasco em vez de juiz", escreve Giulio Claro.[11]

"É preciso alçar a voz (*clamandum est*) contra aqueles juízes severos e cruéis que, para adquirir uma glória vã e, por meio disso, alcançar posições mais altas, impõem aos miseráveis réus novas formas de tormento", escreve Antonio Gomez.[12]

---

9 "Por causa da glória deles." Em latim no original. (N. T.)

10 Par. de Puteo, *De syndicatu*; no verbete: *Crudelitas officialis*, 5. (N. A.)

11 J. Clari, *Sententiarum receptarum*, Lib. V, § fin. Quæst. LXIV, 36. (N. A.)

12 Gomez, *Variar. resol.* t.3, c.13, *De tortura reorum*, 5. (N. A.)

Prazer e glória! Que paixões em tal assunto! Volúpia em torturar homens, orgulho em subjugar homens aprisionados! Mas, pelo menos aqueles que as revelavam, não se pode acreditar que fossem favoráveis a elas.

A essas testemunhas (e outras semelhantes que serão apresentadas em breve), acrescentaremos aqui que nos livros sobre essa matéria, que pudemos consultar, nunca nos deparamos com lamentações contra juízes que praticassem torturas muito brandas. E se, nos livros aos quais não tivemos acesso, houver algo assim, isso nos pareceria uma verdadeira curiosidade.

Alguns dos nomes que citamos, e dos que ainda deveremos citar, estão listados por Verri como "escritores que, se tivessem exposto suas cruéis doutrinas e a descrição metódica de seus refinados tormentos na língua vulgar, e com um estilo cujas brutalidade e barbárie não afastassem pessoas sensatas e cultas de examiná-los, só poderiam ser considerados com os mesmos

HISTÓRIA DA COLUNA INFAME

olhos com que se encara o carrasco, ou seja, com horror e ignomínia".[13] Decerto, o horror pelo que revelam não pode ser excessivo; é justíssimo esse sentimento até mesmo pelo que eles admitiram; mas se, por aquilo que puseram, ou quiseram pôr de si, o horror é um sentimento justo e a ignomínia é uma retribuição justa, o pouco que vimos deve bastar para duvidarmos.

É verdade que, em seus livros, ou melhor, em alguns deles, são descritas mais variedades de tormentos do que nas leis; mas como costumes arraigados na prática, e não como invenções dos autores. E Ippolito Marsigli, escritor e juiz do século XV, que estabelece uma lista atroz, estranha e repugnante, incluindo sua própria experiência, chama de *bestiais* aqueles juízes que inventam novos tormentos.[14]

---

13 *Osservazioni sulla tortura*, § XIII. (N. A.)

14 Hipp. de Marsiliis, *ad Tit. Dig. de quæstionibus*; leg. *In criminibus*, 29. (N. A.)

Foram aqueles escritores, é verdade, que levantaram a questão do número de vezes que o tormento poderia ser repetido; mas (e teremos ocasião de ver isso) para impor limites e condições ao arbítrio, aproveitando as indicações indeterminadas e ambíguas que o direito romano fornecia.

Foram eles, é verdade, que discutiram o tempo que o tormento poderia durar; mas apenas para impor, também nisso, algum limite à crueldade irreprimível, limite que não encontrava na lei, "a certos juízes, não menos ignorantes do que iníquos, os quais torturam um homem por três ou quatro horas", diz Farinacci;[15] "a certos juízes extremamente iníquos e malignos, saídos da escória, privados de ciência, de virtude ou de razão, que, quando têm em seu poder um acusado, talvez indevidamente (*forte indebite*), só falam com ele enquanto o mantêm

---

15 Praxis etc. Quæst. XXXVIII, 54. (N. A.)

sob tortura; e se ele não confessa o que querem, deixam-no pendurado na corda por um dia, por uma noite inteira", tinha dito Marsigli,[16] cerca de um século antes.

Nesses trechos, e em alguns outros citados anteriormente, pode-se notar como a crueldade busca associar-se à ideia de ignorância. E, por consequência oposta, recomendam, em nome da ciência, assim como da consciência, a moderação, a benignidade, a mansidão. Palavras que causam raiva quando aplicadas a tal coisa, mas que ao mesmo tempo mostram se a intenção desses escritores era provocar o monstro ou amansá-lo.

Em relação às pessoas que pudessem ser submetidas à tortura, não vejo importância no fato de nada estar escrito em nossas leis propriamente ditas, quando havia muito, em relação ao

---

16 *Pratica causarum criminalium*; no verbete: *Expedita*; 86. (N. A.)

restante desse triste assunto, nas leis romanas, que também eram, de fato, nossas leis.

"Homens", prossegue Verri, "ignorantes e ferozes, os quais, sem examinar de onde emana o direito de punir os delitos, qual seja o objetivo pelo qual são punidos, qual a norma para graduar a gravidade dos delitos, qual deve ser a proporção entre os delitos e as penas, se um homem pode se forçar a renunciar à sua própria defesa e princípios similares, dos quais, conhecidos intimamente, se podem deduzir apenas as consequências naturais mais conformes à razão e ao bem da sociedade; homens, digo, obscuros e particulares, com tristíssimo refinamento, transformaram em sistema e publicaram gravemente a ciência de torturar outros homens, com a mesma tranquilidade com que se descreve a arte de remediar os males do corpo humano: foram obedecidos como legisladores, e isso se tornou um objeto sério e tranquilo de estudo, e cruéis escritores que ensinaram a desmembrar

História da Coluna Infame

com tormento engenhosamente as partes vivas dos homens foram acolhidos nas bibliotecas legais e refinaram isso com a lentidão e a adição de mais tormentos, para tornar a angústia e o extermínio mais desoladores e agudos."

Mas como pôde ser concedida tanta autoridade a homens obscuros e ignorantes? Quero dizer, obscuros em seu tempo e ignorantes em relação a ele; pois a questão é necessariamente relativa; e trata-se de ver não se aqueles escritores tinham o conhecimento que se pode desejar em um legislador, mas se tinham mais ou menos do que aqueles que antes aplicavam as leis por si mesmos e em grande parte as faziam por si mesmos. E como poderia ser mais feroz o homem que elaborava teorias e as discutia publicamente em comparação com o homem que exercia o arbítrio em particular, sobre aqueles que lhe resistiam?

Quanto às questões mencionadas por Verri, ai de nós se a solução da primeira, "de onde

{61}

emana o direito de punir os delitos", fosse necessária para compilar leis penais com discernimento; pois, no tempo de Verri, poderíamos acreditar que isso já estava resolvido; mas agora (e felizmente, pois é melhor se agitar na dúvida do que descansar no erro) é mais controverso do que nunca. E as outras, refiro-me em geral a todas as questões de importância mais imediata e prática, estavam talvez resolvidas e resolvidas adequadamente, ou pelo menos foram discutidas e examinadas quando os autores se manifestaram? Eles vieram talvez confundir uma ordem estabelecida de princípios mais justos e humanos, para substituí-la por doutrinas mais sábias, para perturbar, digamos assim, a posse de uma jurisprudência mais racional e razoável? A isso nós também podemos responder francamente que não; e isso basta para a questão. Mas gostaríamos que alguém, entre aqueles que sabem, examinasse se não foram eles que, forçados, precisamente porque eram particulares e não legisladores, a prestar contas de suas decisões, trouxeram a matéria de volta aos princípios gerais, recolhendo e ordenando aqueles que estão espalhados nas leis romanas e buscando outros na ideia universal do direito; se não foram esses que, trabalhando na construção, com fragmentos e novos materiais, de uma prática criminal completa e una, prepararam o conceito, indicaram a possibilidade e em parte a ordem de uma legislação criminal inteira e una; eles que, idealizando uma forma geral, abriram para outros escritores, pelos quais foram julgados muito sumariamente, o caminho para delinear uma reforma geral.

Quanto à acusação, tão geral e tão direta, de terem refinado os tormentos, vimos, pelo contrário, que foi coisa expressamente detestada pela maioria deles e, na medida do possível, proibida. Muitos dos trechos que citamos podem servir para lavá-los parcialmente da mácula de terem tratado disso com aquela tranquilidade impassível. Permitam-me citar outro trecho que parece quase um protesto antecipado. "Não posso senão ficar furioso", escreve Farinacci (*non possum nisi vehementer excandescere*), "contra aqueles juízes que mantêm o réu amarrado por muito tempo antes de submetê-lo à tortura; e, com essa preparação, tornam-na mais cruel."[17]

Desses testemunhos e do que sabemos ter sido a tortura em seus últimos tempos, pode-se deduzir francamente que os intérpretes do direito penal a deixaram muito, mas muito menos bárbara do que a encontraram. Decerto seria absurdo atribuir essa diminuição do mal a uma única causa; no entanto, entre as muitas, parece-me pouco razoável não levar em conta a censura e as advertências repetidas e renovadas publicamente, de século em século, por aqueles aos quais é atribuída uma autoridade efetiva sobre a prática dos tribunais.

---

17 Quæst. XXXVIII, 38. (N. A.)

Em seguida, Verri cita algumas das proposições deles, as quais não bastariam para fundamentar um julgamento histórico geral, mesmo que fossem todas citadas exatamente. Aqui está, por exemplo, uma, importantíssima, que não é citada: "Claro afirma que basta haver algumas evidências contra um homem para que ele possa ser submetido à tortura".[18]

Se aquele doutor tivesse falado assim, teria sido antes uma singularidade do que um argumento; tanto tal doutrina é oposta à de uma multidão de outros doutores. Não digo de todos, para não afirmar mais do que sei, embora ao dizê-lo não tema afirmar mais daquilo que é. Mas na realidade, Claro disse, ele próprio, o contrário; e Verri provavelmente foi induzido ao erro pela negligência de um tipógrafo, que imprimiu: *Nam sufficit adesse aliqua indi-*

---

18 *Osservazioni sulla tortura*, § VIII. (N. A.)

cia contra reum ad hoc ut torqueri possit,[19,20] em vez de *Non sufficit,*[21] como encontrei em duas edições anteriores.[22] E, para se certificar do erro, nem mesmo é necessário esse confronto, já que o texto continua assim: "se tais indícios não forem também legitimamente provados"; uma frase que entraria em contradição com a anterior se esta tivesse um sentido afirmativo. E acrescenta, de imediato: "disse que não basta (*dixi quoque non sufficere*) que haja indícios e que sejam legitimamente provados, se não forem também suficientes para a tortura. E há uma coisa que os juízes tementes a Deus devem sempre ter diante dos olhos, para não subme-

---

19 "É suficiente que haja algumas evidências contra o réu para que ele possa ser submetido à tortura." Em latim no original. (N. T.)

20 Sent. rec. lib. V, quæst. LXIV, 12. Venet. 1640; ex typ. Baretiana, p.537. (N. A.)

21 "Não é suficiente." Em latim no original. (N. T.)

22 Ven. apud Hier. Polum, 1580, f. 172 – Ibid. apud P. Ugolinum, 1595. f. 180. (N. A.)

terem injustamente ninguém à tortura, o que, aliás, os submete a um julgamento de revisão. E Afflitto conta que respondeu ao rei Federico que nem mesmo ele, com a régia autoridade, poderia ordenar a um juiz que submetesse à tortura um homem contra o qual não houvesse indícios suficientes".

Assim diz Claro; e bastaria isso para termos certeza de que ele não pretendia tornar o arbítrio absoluto com aquela outra proposição que Verri traduz assim: "Em matéria de tortura e indícios, não podendo prescrever uma regra certa, tudo é deixado ao arbítrio do juiz".[23] A contradição seria estranha demais; e ainda mais, se possível, em vista daquilo que o próprio autor diz em outros momentos: "Embora o juiz tenha o arbítrio, deve se ater ao direito comum... e que os oficiais da justiça tenham cuidado para não avançarem tão alegremente

---

23 Verri, loc. cit. – Clar. loc. cit. 13. (N. A.)

(*ne nimis animose procedant*) com esse pretexto do arbítrio".[24]

Então, o que entendia com aquelas palavras: *remittitur arbitrio judicis*, que Verri traduz como "tudo é deixado ao arbítrio do juiz"?

Entendia... Mas o que digo? E por que procurar nisso uma opinião particular de Claro? Ele apenas repetia aquela proposição, já que ela era, por assim dizer, proverbial entre os intérpretes; e já dois séculos antes, Bartolo também a repetia, como sentença comum: *Doctores communiter dicunt quod in hoc* (quais sejam os indícios suficientes para a tortura) *non potest dari certa doctrina, sed relinquitur arbitrio judicis.*[25] E com isso não pretendiam propor um princípio, estabelecer uma teoria, mas simplesmente enunciar um fato; ou seja, que a lei,

---

24 Ibid., Quæst. XXXI, 9. (N. A.)

25 "Os doutores dizem comumente que sobre isso não pode haver uma doutrina certa, mas fica a critério do juiz." Em latim no original. (N. T.)

não tendo determinado os indícios, os deixara ao arbítrio do juiz. Guido da Suzara, anterior a Bartolo por cerca de um século, depois de dizer ou repetir também que os indícios são deixados ao arbítrio do juiz, acrescenta: "como, em geral, tudo o que não é determinado pela lei".[26] E para citar um dos menos antigos, Paride dal Pozzo, repetindo essa sentença comum, a comenta assim: "Para o que não é determinado pela lei ou pelo costume, deve-se confiar na religião do juiz; e, portanto, a lei relativa aos indícios deposita uma grande carga em sua consciência".[27] E Bossi, um criminologista do século XVI, senador de Milão, diz: "Arbítrio significa apenas (*in hoc consistit*) que o juiz não possui uma regra certa pela lei, que apenas diz que não se deve começar com torturas, mas

---

26 *Et generaliter omne quod non determinatur a iure, relinquitur arbitrio iudicantis. De tormentis, 30.* (N. A.)

27 *Et ideo lex super indiciis gravat coscientias iudicum. De Syndicatu, in verbo: Mandavit, 18.* (N. A.)

com argumentos verossímeis e prováveis. Cabe, portanto, ao juiz examinar se um indício é verossímil e provável".[28]

Aquilo que eles chamavam de arbítrio era, em suma, a própria coisa que, para evitar aquele vocábulo ambíguo e de sombria conotação, foi posteriormente chamada de poder discricionário: coisa perigosa, mas inevitável na aplicação das leis, sejam elas boas ou ruins; e que os legisladores sábios procuram não abolir, o que seria uma quimera, mas limitar a algumas circunstâncias determinadas e menos essenciais, e restringir mesmo nessas circunstâncias o máximo que podem.

E tal foi, ousaria dizer, também o objetivo primitivo e o trabalho progressivo dos intérpretes, especialmente em relação à tortura, na qual o poder deixado pela lei ao juiz era assustadora-

---

28 Ægid. Bossii, *Tractatus varii; tit. de indiciis ante torturam*, 32. (N. A.)

HISTÓRIA DA COLUNA INFAME

mente amplo. Já Bartolo, depois das palavras que citamos anteriormente, acrescenta: "Mas darei as regras que puder". Outros já haviam dado antes dele; e seus sucessores deram, à medida, muitas mais, alguns propondo suas próprias, outros repetindo e aprovando propostas de outros; sem deixar de repetir, no entanto, a fórmula que expressava o fato da lei, da qual eram, no fim das contas, apenas intérpretes.

Mas com o passar do tempo e o avanço do trabalho, eles quiseram modificar também a linguagem; e disso temos o testemunho de Farinacci, posterior aos citados aqui, mas anterior à época de nosso processo, e então extremamente autorizado. Depois de ter repetido e confirmado com uma enxurrada de autoridade o princípio de que "o arbítrio não deve ser entendido como livre e absoluto, mas vinculado pelo direito e pela equidade", e de tirar as consequências, também confirmadas por outras autoridades, de que "o juiz deve inclinar-se para a vertente

{71}

mais branda, e regular seu arbítrio de acordo com as disposições gerais das leis e com a doutrina dos doutores aprovados, e que não pode criar indícios a seu bel-prazer"; depois de tratar, mais extensamente, creio eu, e de forma mais ordenada do que qualquer outro havia feito até então, desses indícios, conclui: "Pode-se então ver que a máxima comum dos doutores – os indícios para a tortura são arbitrários para o juiz – é tão restrita, e também concordemente limitada pelos próprios doutores que muitos juristas dizem, não sem razão, que a regra contrária deve ser estabelecida, ou seja, que os indícios não são arbitrários para o juiz".[29] E cita esta sentença de Francesco Casoni: "É um erro comum dos juízes acreditar que a tortura seja arbitrária, como se a natureza tivesse criado os corpos dos réus para que eles pudessem torturá--los ao seu bel-prazer".[30]

---

29 Ibid. Quæst. xxxvii, 193 ad 200. (N. A.)
30 Francisci Casoni Tractatus de tormentis; cap.I, 10. (N. A.)

Vê-se aqui um momento notável da ciência, que, medindo seu trabalho, exige o fruto dele; e declarando-se, não como abertamente reformadora (coisa que não pretendia, nem teria sido aceita), mas como uma auxiliar eficaz da lei, consagrando a própria autoridade com a de uma lei superior e eterna, intima os juízes a seguirem as regras que encontrou, para poupar tormentos àqueles que poderiam ser inocentes e, a eles próprios, iniquidades torpes. Tristes correções de uma coisa que, por sua essência, não poderia adquirir uma boa forma; mas, pelo contrário, menos argumentos aptos a provar a tese de Verri: "Nem os horrores da tortura se limitam apenas à agonia que é infligida... mas os doutores também espalham horrores sobre as circunstâncias de administrá-la".[31]

Que me seja permitido, por último, fazer algumas observações sobre outro trecho citado

---

31 Cf. § VIII. (N. A.)

por ele; pois examiná-los todos seria demais neste momento, e certamente não seria suficiente para a questão. "Basta um único horror para todos; e este é relatado pelo célebre Claro de Milão, que é o grande mestre dessa prática: 'Um juiz pode, tendo na prisão uma mulher suspeita de crime, fazê-la vir secretamente para sua sala, acariciá-la, fingir amá-la, prometer-lhe a liberdade para induzi-la a confessar o crime, e por meio desse artifício um certo regente fez que uma jovem se acusasse de um assassinato, e a levou à perda da cabeça'. Para que não se suspeite que esse horror contra a religião, a virtude e todos os princípios mais sagrados do homem seja exagerado, eis o que diz Claro: *Paris dicit quod judex potest* etc."[32]

Verdadeiro horror; mas para ver que importância isso pode ter em uma questão desse tipo, observe-se que, ao enunciar aquela opi-

---

32 Ibid. (N. A.). "Paris diz que o juiz pode". Em latim no original (N. E.)

nião, Paride dal Pozzo[33] não estava propondo uma descoberta sua; ele narrava, e infelizmente com aprovação, um fato a respeito de um juiz, ou seja, um dos milhares de fatos que eram produzidos pelo arbítrio sem o conselho dos doutores; observe-se que Baiardi, que relata essa opinião, em suas adições a Claro (e não o próprio Claro), o faz para também detestá-la e qualificar o fato como um "fingimento diabólico";[34] observe-se que ele não cita mais ninguém que sustente tal opinião, desde os tempos de Paride dal Pozzo até os seus, ou seja, pelo espaço de um século. E indo além, seria mais estranho se houvesse alguém. E esse mesmo Paride dal Pozzo, Deus nos livre de chamá-lo, como

---

33 Paradis de Puteo, *De syndicatu*, in verbo: *Et advertendum est; Judex debet esse subtilis in investiganda maleficii veritate.* (N. A.). "E deve-se notar; o juiz deve ser perspicaz na investigação da verdade sobre o crime". Em latim no original. (N. E.)

34 Ad Clar. Sentent. recept. Quæst. LXIV, 24, add. 80, 81. (N. A.)

Giannone, "excelente jurisconsulto";[35] mas suas outras palavras que citamos antes bastariam para mostrar que essas coisas horríveis não são suficientes para dar uma ideia justa nem mesmo das doutrinas desse único indivíduo.

Certamente, não temos a estranha pretensão de ter demonstrado que as doutrinas dos intérpretes, tomados em seu conjunto, não serviram nem foram mexidas para piorar. Questão interessantíssima, pois se trata de julgar o efeito e a intenção do trabalho intelectual de vários séculos em um assunto tão importante, ou melhor, tão necessário para a humanidade; questão de nosso tempo, pois, como mencionamos, e todos sabem, o momento em que se trabalha para derrubar um sistema não é o mais adequado para fazer sua história de forma imparcial; mas uma questão a ser resolvida, ou melhor, uma história a ser feita, com bem mais do que bre-

---

35 *Istoria civile* etc., lib. 28, cap.ult. (N. A.)

ves e desconexas notas. Estas bastam, porém, se não me engano, para mostrar que a solução contrária foi precipitada; assim como eram, de certa forma, uma preparação necessária para nossa narrativa. Pois nela teremos frequentemente a lamentar que a autoridade daqueles homens não tenha sido eficaz de fato; e temos certeza de que o leitor deverá concordar conosco: se pelo menos eles tivessem sido obedecidos!

Capítulo 3

E PARA CHEGAR FINALMENTE À APLICAÇÃO, era um ensinamento comum e quase universal dos doutores que a mentira do acusado quando respondia ao juiz fosse um dos indícios legítimos, como eles diziam, para a tortura. Eis por que o examinador do infeliz Piazza se opôs, dizendo que não era verossímil que ele não tivesse ouvido falar de paredes sujas na Porta Ticinese e que não soubesse o nome dos deputados com os quais havia lidado.

Mas ensinavam talvez que qualquer mentira seria suficiente?

"A mentira, para servir de indício para a tortura, deve se referir às qualidades e circunstâncias substanciais do delito, ou seja, aquelas que pertencem a ele e das quais se pode inferir o próprio delito; caso contrário, não: *alias secus*."[1]

"A mentira não serve de indício para a tortura se diz respeito a coisas que não agravariam a culpa do réu, mesmo que ele as tivesse confessado."

E bastava, segundo eles, que a afirmação do acusado parecesse mentira ao juiz para que isso o levasse aos tormentos?

"A mentira, para servir de indício para a tortura, deve ser provada de maneira conclusiva, seja pela própria confissão do réu ou por dois testemunhos [...] sendo comum a doutrina de que dois são necessários para provar um indício

---

1 "Caso contrário, de outro modo." Em latim no original. (N. T.)

remoto, como a mentira."[2] Cito e citarei frequentemente Farinacci, como um dos mais autorizados na época, e como grande compilador das opiniões mais aceitas. No entanto, alguns se contentavam com um único testemunho, desde que fosse mais forte do que qualquer exceção. Mas que a mentira devesse resultar de provas legais e não de mera conjectura do juiz era uma doutrina comum e incontestada.

Tais condições eram deduzidas daquele cânone do direito romano que proibia (quantas coisas foram reduzidas à proibição quando se admitiram certas outras!) começar pela tortura. "E se concedêssemos aos juízes", diz o mesmo autor, "a faculdade de submeter os réus à tortura sem indícios legítimos e suficientes, seria como lhes dar o poder de começar por ela... E para poderem ser chamados assim, os indícios devem ser verossímeis, prováveis, não leves

---

2 *Praxis et Theoricæ criminalis*, Quæst. LII, 11, 13, 14. (N. A.)

nem meras formalidades, mas graves, urgentes, certos, claros, mais claros do que o sol ao meio-dia, como se costuma dizer... Trata-se de infligir a um homem um tormento, e um tormento que pode decidir sua vida: *agitur de hominis salute;*[3] e, portanto, não te surpreendas, ó juiz rigoroso, se a ciência do Direito e os doutores exigirem indícios tão precisos e o afirmarem com tanta força, repetindo tantas vezes."[4]

Decerto não diremos que tudo isso é razoável; pois não pode ser razoável o que implica contradição. Eram esforços inúteis para conciliar a certeza com a dúvida, para evitar o perigo de torturar inocentes e de obter falsas confissões, querendo, ao mesmo tempo, a tortura justamente como meio de descobrir se alguém era inocente ou culpado e de fazê-lo confessar algo

---

3 "Está em jogo a salvação do homem, ou trata-se da salvação do homem." Em latim no original. (N. T.)

4 Ibid. Quæst. XXXVII, 2, 3, 4. (N. A.)

específico. A consequência lógica teria sido declarar a tortura absurda e injusta; mas isso era impedido pela cega reverência à Antiguidade e ao Direito romano. Aquela pequena obra *Dos delitos e das penas*,[5] que promoveu não apenas a abolição da tortura, mas também a reforma de toda a legislação criminal, começou com as palavras: "Alguns vestígios de leis de um antigo povo conquistador". E parecia, como era, o atrevimento de um grande intelecto: um século antes, isso teria parecido extravagância. E não é de se surpreender: não temos visto uma deferência do mesmo tipo persistir por mais tempo, ou mesmo se tornar mais forte na política, mais tarde na literatura e ainda mais tarde em alguma área das belas-artes? Nos grandes e nos pequenos assuntos, chega um momento em que aquilo que, sendo acidental e artificial,

---

5 Ensaio de Cesare Beccaria, de 1764, que teve forte impacto no pensamento iluminista. (N. T.)

deseja perpetuar-se como natural e necessário é obrigado a ceder à experiência, ao raciocínio, à saciedade, à moda, a algo menos, se possível, de acordo com a qualidade e a importância das próprias coisas; mas esse momento deve ser preparado. E é já um mérito nada pequeno dos intérpretes, se, como nos parece, foram eles que o prepararam, embora lentamente, embora sem perceber, no campo da jurisprudência.

Mas as regras que haviam sido estabelecidas bastaram, nesse caso, para convencer os juízes, até de prevaricação positiva. Estes quiseram, exatamente, começar pela tortura. Sem entrar em nada que tocasse as circunstâncias, nem substanciais nem acidentais, do suposto delito, multiplicaram interrogações inconclusivas para obter pretextos de dizer à vítima destinada: não é verossímil; e, dando a inverossimilhanças asseveradas a força de mentiras legalmente provadas, impuseram a tortura. É que não buscavam a verdade, mas queriam uma confissão:

História da Coluna Infame

não sabendo que vantagem teriam no exame do fato suposto, queriam chegar logo ao suplício, que lhes proporcionava uma vantagem rápida e certa: tinham pressa. Toda Milão sabia (é o termo usado em casos semelhantes) que Guglielmo Piazza havia untado as paredes, as portas, os corredores da Via della Vetra; e eles, que o tinham em suas mãos, não o teriam feito confessar imediatamente!

Dirão talvez que, diante da jurisprudência, se não diante da consciência, tudo estava justificado pela máxima detestável, mas então aceita, de que nos crimes mais atrozes era permitido ultrapassar o direito? Deixemos de lado o fato de que a opinião mais comum, quase universal, dos juristas era (e se Deus quiser, deveria ser) que tal máxima não poderia ser aplicada ao procedimento, mas unicamente à pena; "pois", para citar um deles, "embora se trate de um delito enorme, não consta, no entanto, que o homem o tenha cometido; e enquanto não constar, é dever

{85}

que se mantenham as solenidades do direito".[6]
E apenas para relembrar, como um daqueles
traços notáveis com os quais a razão eterna se
manifesta em todos os tempos, citaremos também a sentença de um homem que escreveu no
início do século XV, e foi, por muito tempo depois, chamado o Bartolo do Direito eclesiástico,
Nicolò Tedeschi, arcebispo de Palermo, mais
conhecido, enquanto viveu, sob o nome de Abate Panormitano: "Quanto mais grave é o crime",
diz esse homem, "tanto mais fortes devem ser
as presunções; porque, onde o perigo é maior, é
preciso também ser mais cauteloso."[7] Mas isso,
digo eu, não se aplica ao nosso caso (ainda no
que diz respeito apenas à jurisprudência), pois
Claro atesta que no foro de Milão prevalecia o

---

6 P. Follerii, Pract. Crim., Cap. Quod suffocavit, 52. (N. A.)

7 *Quanto crimen est gravius, tanto præsumptiones debent esse vehementiores; quia ubi majus periculum, ibi cautius est agendum.* Abbatis Panormitani, *Commentaria in libros decretalium. Præsumptionibus*, Cap.XIV, 3. (N. A.)

costume contrário; ou seja, era permitido ao juiz ultrapassar o Direito, também na inquirição. "Regra", diz Riminaldi, outro jurista então célebre, "que não é aceita em outros países"; e Farinacci acrescenta: "Ele tem razão".[8] Mas vejamos como o próprio Claro interpreta tal regra: "Chegamos à tortura, embora os indícios não sejam totalmente suficientes (*in totum sufficientia*) nem provados por testemunhos maiores do que qualquer exceção, e muitas vezes mesmo sem ter dado ao réu cópia do processo informativo". E quando trata especificamente dos indícios legítimos para a tortura, ele os declara expressamente necessários "não apenas nos delitos menores, mas também nos maiores e nos mais atrozes, inclusive no próprio delito de lesa-majestade".[9] Portanto, ele se contentava com

---

8 Clar. *Sent. Rec.* lib. V, § 1, 9. (N. A.)

9 Hipp. Riminaldi, *Consilia*; LXXXVIII, 53. – Farin. Quæst. XXXVII, 79. (N. A.)

indícios menos rigorosamente provados, mas queria que fossem provados de alguma forma; com testemunhas menos autorizadas, mas queria testemunhas; com indícios mais leves, mas queria indícios reais, relativos ao fato; queria, em suma, tornar mais fácil para o juiz descobrir o crime, não lhe dar a faculdade de torturar, sob qualquer pretexto, quem quer que caísse em suas mãos. São coisas que uma teoria abstrata não aceita, não inventa, nem sequer sonha; mas a paixão as faz.

Portanto, o iníquo examinador intimou Piazza: "Que diga a verdade sobre o motivo pelo qual nega saber que as paredes foram untadas e saber o nome dos deputados, ou então, como coisas inverossímeis, ele será submetido à corda, para obter a verdade dessas inverossimilhanças. 'Se também querem me amarrar no pescoço, que o façam; sobre essas coisas que me interrogaram, eu não sei nada'", respondeu o infeliz, com aquela espécie de coragem desesperada,

História da Coluna Infame

com a qual, às vezes, a razão desafia a força, como se quisesse fazê-la perceber que, seja qual for o alvo que alcance, nunca se tornará razão.

E veja-se com que miserável astúcia aqueles senhores tiveram de recorrer para dar um pouco mais de cor ao pretexto. Foram, como disseram, à caça de uma segunda *mentira*, para poder falar dela com a fórmula do plural; procuraram outro zero, para inflar uma conta na qual não tinham conseguido pôr nenhum número.

Ele é submetido à tortura; é intimado a "que resolva dizer a verdade"; responde, entre gritos, gemidos, invocações e súplicas: "Eu a disse, senhor". Insistem. "Ah, pelo amor de Deus!", grita o infeliz: "V. Sa. me mande desamarrar, que direi o que sei; me dê um pouco de água." Ele é solto, sentado, interrogado novamente; responde: "Eu não sei de nada; V. Sa. me faça dar um pouco de água".

Quão cego é o furor! Não lhes vinha à mente que aquilo que queriam arrancar à força de sua boca, se fosse a verdade, como repetiam, com atroz certeza, poderia ser usado por ele como um argumento fortíssimo de sua inocência. "Sim, senhor", poderia ter respondido: "Eu tinha ouvido dizer que as paredes da Via della Vetra haviam sido untadas; e eu estava me entretendo na porta de sua casa, senhor presidente da Saúde Pública!". E o argumento teria sido ainda mais forte, pois, ao espalhar-se o boato do ocorrido e do fato de Piazza ser o autor, este estaria, junto com a notícia, ciente de seu perigo. Mas essa observação tão óbvia, e que o furor impedia que chegasse à mente deles, nem mesmo poderia ocorrer ao infeliz, pois não lhe tinha sido dito do que estava sendo acusado. Queriam domá-lo primeiro com tormentos; estes eram, para eles, os argumentos verossímeis e prováveis exigidos pela lei; queriam fazê-lo sentir a terrível e imediata consequência de responder a eles: não; queriam que se confessasse mentiroso uma vez, para adquirir o direito de não acreditar nele quando dissesse: sou inocente. Mas não obtiveram o iníquo intento. Piazza, submetido novamente à tortura, erguido do chão, intimado a que seria erguido ainda mais, a ameaça sendo executada, e sempre instigado "a dizer a verdade", ele continuou respondendo: "Eu disse"; primeiro urrando, depois em voz baixa; até que os juízes, vendo que ele não poderia mais responder de nenhuma maneira, o fizeram descer e reconduziram-no ao cárcere.

Quando se relatou o exame no Senado, no dia 23, pelo presidente da Saúde Pública, que era membro dele, e pelo capitão da justiça, que tinha assento quando chamado, aquele tribunal supremo decretou que: "Piazza, depois de ser tosquiado, vestido com as roupas do tribunal, e purgado, fosse submetido a tortura grave, com a amarração da corda", uma adição atroz, pela qual, além dos braços, também se deslocavam as mãos; "por repetições e a critério dos dois magistrados antes mencionados; e isso a partir de algumas das mentiras e inverossimilhanças resultantes do processo".

Apenas o Senado tinha, não digo a autoridade, mas o poder de ir tão longe impunemente por esse caminho. A lei romana sobre a repetição dos tormentos[10] era interpretada de duas maneiras, e a menos provável era a mais humana. Muitos doutores (talvez seguindo Odofredo,[11] que é o único citado por Cino da Pistoia[12] e o mais antigo dentre os citados pelos

---

10 Reus evidentioribus argumentis oppressus, repeti in quæstionem potest. Dig. lib. XLVIII, tit. 18, l. 18. (N. A.) "O réu oprimido por provas mais evidentes pode ser submetido a novo interrogatório." Em latim no original. (N. T.)

11 *Numquid potest repeti quæstio? Videtur quod sic; ut Dig. eo. l. Repeti. Sed vos dicatis quod non potest repeti sine novi indiciis.* Odofredi, ad Cod. lib. IX, tit. 41, l. 18. (N. A.) "A questão pode ser repetida? Parece que sim; como no Digesto, nessa lei se permite repetir. Mas vocês dizem que não pode ser repetida sem novos indícios". Em latim no original. (N. T.)

12 Cyni Pistoriensis, super Cod. lib. IX, tit. 41, l. de tormentis, 8. (N. A.)

História da Coluna Infame

outros) entenderam que a tortura não poderia ser renovada, exceto quando surgissem novos indícios, mais evidentes do que os primeiros, e, condição que foi adicionada depois, de gênero diferente. Muitos outros, seguindo Bartolo,[13] entenderam que só pudesse ser feita quando os primeiros indícios fossem manifestos, evidentíssimos, urgentíssimos; e quando, condição também adicionada posteriormente, a tortura tivesse sido leve.[14] Ora, nem uma interpretação nem outra se aplicava ao caso. Nenhuma nova evidência surgiu; e os primeiros indícios eram de que duas mulheres viram Piazza tocando algumas paredes; e nisso, que era indício ao mesmo tempo e corpo do delito, os magistrados viram "algumas marcas de matéria untuosa" nas paredes chamuscadas e enfumaçadas, especialmente em um corredor... onde Piazza não

---

13 Bart. ad Dig. loc. cit. (N. A.)
14 V. Farinac. Quæst. XXXVIII, 72, et seq. (N. A.)

havia entrado. Além do mais, esses indícios, quão manifestos, evidentes e urgentes fossem, todos o veem, não foram testados, discutidos com o réu. Mas o decreto do Senado nem sequer menciona indícios relacionados ao crime nem aplica a lei de forma errada; age como se não existisse. Contra toda lei, contra toda autoridade, assim como contra toda razão, ordena que Piazza seja torturado de novo, "com base em algumas mentiras e inverossimilhanças"; ou seja, ordena a seus delegados que repitam, e com mais crueldade, aquilo pelo que deveriam ter sido punidos por terem-no feito. Pois era (e poderia não ser?) uma doutrina universal, um cânone da jurisprudência, que o juiz inferior que tivesse submetido um acusado à tortura sem indícios legítimos seria punido pelo superior.

Mas o Senado de Milão era o tribunal supremo; neste mundo, entende-se. E o Senado de Milão, de quem o público esperava sua vin-

HISTÓRIA DA COLUNA INFAME

gança, se não a salvação, não deveria ser menos hábil, menos perseverante, menos bem-sucedido em descobrir do que Caterina Rosa. Pois tudo foi feito com a autoridade dela; aquele seu: "Então me veio ao pensamento se por acaso fosse um pouco um daqueles", como tinha sido o primeiro motivo do processo, foi também o regulador e o modelo; exceto pelo fato de que ela começou com a dúvida, os juízes com a certeza. E que não pareça estranho ver um tribunal tornar-se seguidor e imitador de uma ou duas mexeriqueiras; pois, quando se está no caminho da paixão, é natural que os mais cegos guiem. Não pareça estranho ver homens que não deveriam ser, ou certamente não eram, daqueles que desejam o mal pelo mal, vê-los, digo, violar tão aberta e cruelmente todos os direitos; pois acreditar injustamente é o caminho para agir injustamente, até onde a injusta convicção possa levar; e se a consciência hesita, se inquieta, alerta, os gritos de um público têm o funesto poder (em quem se esquece de ter outro juiz) de sufocar os remorsos; até de impedi-los.

O motivo daquelas prescrições odiosas, se não cruéis, de tosquiar, vestir, purgar, será explicado com as palavras de Verri. "Naqueles tempos, acreditava-se que nos cabelos, nos pelos ou mesmo nas roupas (ou até nos intestinos, engolindo-os) poderia haver um amuleto ou pacto com o demônio, de modo que ao ser tosquiado, desnudado e purgado, ele ficaria desarmado."[15] E isso era verdadeiramente característico daquela época; a violência era um fato (com diferentes formas) de todas as épocas, mas uma doutrina de nenhuma.

Esse segundo exame não passou de uma repetição igualmente absurda e mais atroz do primeiro, com o mesmo resultado. O infeliz Piazza, interrogado anteriormente, e contestado com sofismas que poderiam ser chamados

---

15 *Osservazioni sulla tortura*, § III. (N. A.)

HISTÓRIA DA COLUNA INFAME

de pueris, se a tal fato pudesse convir tal termo, e sempre sobre circunstâncias indiferentes ao suposto delito, e sem sequer mencioná-lo, foi submetido à mais cruel tortura que o Senado havia prescrito. Houve palavras de dor desesperada, palavras de dor suplicante, mas nunca as que desejavam, e para obtê-las tiveram a coragem de ouvir, de fazer que dissesse estas outras. "Ah, meu Deus! Que assassinato é este! Ah, sr. fiscal!... Pelo menos me enforquem logo... Cortem minha mão... Matem-me; deixem-me ao menos descansar um pouco. Ah! Sr. presidente!... Pelo amor de Deus, mande me darem algo para beber"; mas junto com isso: "Não sei de nada, já disse a verdade". Depois de muitas respostas assim, diante daquela fria e frenética insistência repetida de "dizer a verdade", ele perdeu a voz, ficou mudo; por quatro vezes não respondeu; por fim, conseguiu dizer mais uma vez, com voz fraca: "Não sei de nada; já disse a verdade". Foi necessário encerrar e conduzi-lo de volta, não confesso, ao cárcere.

E nem sequer havia mais pretextos ou motivos para recomeçar: aquilo que haviam tomado como um atalho os levou para fora do caminho. Se a tortura tivesse produzido seu efeito, extorquindo a confissão pela mentira, eles teriam o homem sob controle; e, terrível coisa!, quanto mais o assunto da mentira fosse indiferente por si só e de pouca importância, tanto mais ela teria sido, em suas mãos, um argumento poderoso da culpa de Piazza, mostrando que ele precisava se distanciar do fato, fingir-se completamente alheio a ele; em suma, mentir. Mas, depois de uma tortura ilegal, seguida de outra ainda mais ilegal e mais atroz, ou grave, como diziam, submeter um homem à tortura novamente, porque ele negava ter ouvido falar de um fato e de saber o nome dos deputados de uma paróquia, teria sido ultrapassar os limites do extraordinário. Portanto, estavam de volta ao ponto de partida, como se ainda não tivessem feito nada; era necessário voltar, sem nenhum benefício, à investigação do suposto delito, revelar o crime a Piazza, interrogá-lo. E se o homem negasse? Se, como já havia provado saber fazer, persistisse em negar mesmo sob tortura? A qual deveria ser absolutamente a última, se os juízes não quisessem tomar para si a terrível sentença de um de seus colegas, que havia falecido quase um século antes, mas cuja autoridade estava mais viva do que nunca: Bossi, citado acima. "Mais de três vezes", ele diz, "nunca vi a tortura ser ordenada, exceto por juízes carrascos: *nisi a carnificibus.*"[16] E ele fala da tortura ordenada legalmente!

Mas a paixão é por demais hábil e corajosa para encontrar novos caminhos, a fim de evitar o caminho do direito quando este é longo e incerto. Eles haviam começado com a tortura do sofrimento e recomeçaram com uma tortura

---

16 Tractat. var.; tit. *De tortura*, 44. (N. A.)

ALESSANDRO MANZONI

de outro tipo. Por ordem do Senado (conforme se depreende de uma carta autêntica do capitão de justiça ao governador Spinola, que naquela época estava no cerco de Casale), o auditor fiscal da Saúde Pública, na presença de um notário, prometeu a Piazza a impunidade, sob a condição (e isso se vê mais tarde no processo) de que ele dissesse toda a verdade. Assim, conseguiram falar com ele sobre a acusação sem precisar discuti-la; falaram sobre ela não para extrair de suas respostas as informações necessárias à investigação da verdade, não para ouvir o que ele tinha a dizer, mas sim para lhe dar um estímulo poderoso para dizer o que eles queriam.

A carta que mencionamos foi escrita em 28 de junho, ou seja, quando o processo tinha, com esse expediente, dado um grande passo. "Julguei ser útil", começa, "que V. Exa. soubesse aquilo que se descobriu a respeito de alguns celerados que, em dias passados, andaram ungindo paredes e portas desta cidade." E não será talvez sem curiosidade, nem sem aprendizado, ver como tais coisas foram contadas por aqueles que as fizeram. "Recebi", diz, portanto, "a comissão do Senado para formar um processo no qual, com base no depoimento de algumas mulheres e de um homem digno de fé, que foi acusado Guglielmo Piazza, homem plebeu, mas atualmente comissário da Saúde Pública, de ter, na última sexta-feira, dia 21, no momento da aurora, untado as paredes de uma rua na Porta Ticinese, chamada La Vetra de' Cittadini."

E o homem digno de confiança, disposto ali imediatamente para corroborar a autoridade das mulheres, dissera que havia encontrado Piazza, "a quem cumprimentou, e ele o cumprimentou de volta". Isso foi considerado como agravante! Como se o crime atribuído a ele fosse ter entrado na Via della Vetra. O capitão de justiça não menciona a visita que fez para reconhecer corpo de delito, assim como não se fala mais disso no processo.

"Foi então", prossegue, "imediatamente preso." E não menciona a visita feita à sua casa, onde "nada de suspeito" foi encontrado.

"E, sendo mais acusado durante seu interrogatório" (como já vimos!), "foi submetido a uma grave tortura, mas não confessou o crime."

Se alguém tivesse dito a Spinola que Piazza não havia sido interrogado de modo algum sobre o crime, Spinola teria respondido: "Estou positivamente informado do contrário: o capitão de justiça me escreve não exatamente isso, o que seria inútil; mas sim outra coisa que implica isso, que é necessariamente subentendida por isso; ele me escreve que, submetido a uma grave tortura, não confessou". Se o outro insistisse: "Como!", poderia ter dito o homem célebre e poderoso, "Quer que o capitão de justiça zombe de mim, relatando como uma notícia importante o que não aconteceu e não poderia acontecer?" E, no entanto, foi exatamente assim: ou seja, não era que o capitão de justiça quisesse zombar do governador; era que eles haviam feito algo que não poderia ser relatado da maneira que haviam feito; era, e é, que a falsa consciência encontra mais facilmente pretextos para operar do que fórmulas para prestar contas do que fez.

Mas sobre o ponto da impunidade, há, naquela carta, outro engano que Spinola poderia, ou melhor, deveria ter sabido por si mesmo, pelo menos em parte, se tivesse pensado em algo além de tomar Casale, o que não conseguiu fazer. A carta continua assim: "E, por ordem do Senado (também para cumprir o decreto recentemente publicado por V. Exa. sobre esse assunto), o presidente da Saúde Pública prometeu a ele a impunidade, e finalmente confessou" etc.

No capítulo XXXI do escrito antecedente, foi mencionado um decreto, pelo qual o tribunal da Saúde Pública prometia recompensa e impunidade a quem revelasse os autores das gorduras encontradas nas portas e paredes das casas na manhã de 18 de maio; e também foi mencionada uma carta do mesmo tribunal ao governador sobre esse fato. Nesta, depois de afirmar que essa proclamação havia sido publicada "com participação do sr. grande chanceler", que fazia as vezes do governador, rogavam que "a corroborasse com outra sua, com a promessa de uma recompensa maior". E o governador realmente promulgou outra em 13 de junho, na qual "prometia a cada pessoa que, dentro de trinta dias, esclarecesse a identidade da pessoa ou pessoas que haviam cometido, favorecido ou ajudado tal delito, o prêmio etc., e se tal pessoa fosse um cúmplice, também lhe prometia impunidade da pena". E é pela execução desse édito, tão expressamente circunscrito a um fato ocorrido em 18 de maio, que o capitão de justiça diz ter prometido impunidade ao homem

HISTÓRIA DA COLUNA INFAME

acusado de um fato ocorrido em 21 de junho, e diz isso ao mesmo homem que tinha, pelo menos, assinado a ordem! Parece que eles estavam confiantes no cerco de Casale! Pois seria muito estranho supor que eles próprios se enganassem sobre esse ponto.

Mas por que precisavam usar tal artifício com Spinola?

A necessidade de vincularem-se à sua autoridade, distorcendo um ato irregular e abusivo, conforme a jurisprudência comum e a legislação do país. De fato, era uma doutrina comum que o juiz não pudesse, por sua própria autoridade, conceder impunidade a um acusado.[17] E nas constituições de Carlos V, em que amplíssimos poderes são atribuídos ao Senado, uma exceção é feita quanto a "conceder remissões de delitos, graças ou salvo-condutos, reservada ao prínci-

---

17 V. Farinacci, Quæst. LXXXI, 277. (N. A.)

{105}

pe".[18] E Bossi, já citado, que como senador de Milão na época foi um dos compiladores dessas constituições, afirma explicitamente: "Essa promessa de impunidade pertence somente ao príncipe".[19]

Mas por que se puseram na posição de usar tal artifício, quando poderiam ter recorrido ao governador a tempo, que certamente possuía esse poder do príncipe e a faculdade de transmiti-lo? E não é uma possibilidade imaginada por nós: é exatamente o que eles próprios fizeram em relação a outro infeliz, envolvido mais tarde nesse cruel processo. O ato está registrado no próprio processo, nestes termos: "Ambrosio Spinola etc. Em conformidade com o parecer dado a nós pelo Senado em carta do dia 5 do corrente, concedereis impunidade,

---

18 *Constitutiones dominii mediolanensis; De Senatoribus.* (N. A.)
19 Op. cit. tit. *De confessis per torturam*, II. (N. A.)

por meio desta, a Stefano Baruello, condenado como distribuidor e fabricante dos unguentos pestíferos espalhados por esta cidade, para extinção do povo, se dentro do prazo estabelecido pelo referido Senado, ele manifestar os autores e cúmplices de tal delito".

A impunidade não foi prometida a Piazza por meio de um ato formal e autêntico; foram palavras ditas pelo auditor da Saúde Pública, fora do processo. E isso é compreensível: tal ato teria sido uma falsidade evidente demais se estivesse relacionado ao édito, ou uma usurpação de poder se não estivesse relacionado a nada. Mas por que, acrescento, se privar de pôr em forma solene um ato de tamanha importância?

Decerto, não é possível conhecer esses porquês de modo positivo; mas veremos mais adiante ao que serviu aos juízes ter agido assim.

Em todo caso, a irregularidade desse procedimento era tão manifesta que o advogado de

Padilla a mencionou livremente. Embora, como protesta com toda a razão, não precisasse afastar-se daquilo que dizia diretamente respeito a seu cliente para inocentá-lo da absurda acusação; embora, sem razão e com pouca coerência, admitisse um crime real e verdadeiros culpados, em meio a esse mistifório de imaginação e invenção; ainda assim, abundantemente, como se diz, e para enfraquecer qualquer coisa que pudesse estar relacionada àquela acusação, faz várias exceções à parte do processo que se refere aos outros. E, a propósito da impunidade, sem contestar a autoridade do Senado nessa matéria (pois às vezes os homens ficam mais ofendidos que alguém duvide de seu poder do que de sua retidão), ele argumenta que Piazza "foi introduzido apenas diante do mencionado sr. auditor, que não tinha jurisdição alguma [...] procedendo assim nulamente e contra os termos da razão". E ao falar da menção feita mais tarde, e incidentalmente, sobre essa impunidade, ele diz: "E mesmo até aquele ponto, não aparece nem se lê no processo impunidade, que decerto, antes da mencionada reprimenda, deveria constar no processo, segundo os termos da razão".

Nesse trecho de sua defesa há uma palavra lançada ali, como que de modo incidental, mas muitíssimo significativa. Ao revisar os atos que precederam a impunidade, o advogado não faz nenhuma exceção expressa e direta à tortura infligida a Piazza, mas a menciona assim: "Sob o pretexto de coisas inverossímeis, torturado". E é uma circunstância digna de nota que a coisa tenha sido chamada por seu nome mesmo naquela ocasião, mesmo diante daqueles que a praticaram, e por alguém que certamente não pensava, de modo algum, em defender a causa daqueles que foram vítimas.

É preciso dizer que essa promessa de impunidade era pouco conhecida pelo público, pois Ripamonti, ao relatar os principais fatos do processo em sua história da peste, não a menciona, e inclusive a exclui de maneira indireta. Esse escritor, incapaz de alterar intencionalmente a verdade, mas inescusável por não ter lido nem as defesas de Padilla nem o extrato do processo que as acompanha, e por ter preferido acreditar nos boatos do público ou nas mentiras de algum interessado, relata, em vez disso, que Piazza, imediatamente depois da tortura, enquanto era desamarrado para ser levado de volta à prisão, fez uma revelação espontânea, que ninguém esperava.[20] A falsa revelação foi feita, de fato, mas ocorreu no dia seguinte, depois do encontro com o auditor, e diante de pessoas que esperavam perfeitamente isso. Portanto, se poucos documentos tivessem subsistido, se o Senado tivesse de lidar apenas com o público e com a história, teria alcançado o objetivo de obscurecer esse fato tão essencial

---

20 *De peste* etc. p.84 (N. A.)

no processo, e que impulsionou todos os outros que vieram depois.

O que aconteceu naquela entrevista ninguém sabe ao certo, cada um imagina aproximadamente. "É bastante verossímil", diz Verri, "que no próprio cárcere esse infeliz tenha sido persuadido de que, persistindo em negar, a tortura seria retomada todos os dias; que o delito era considerado certo, e que não havia outra saída para ele senão confessá-lo e nomear os cúmplices; assim, teria salvado sua vida e se livrado dos tormentos prontos para serem retomados diariamente. Portanto, Piazza pediu e obteve impunidade, porém sob a condição de expor sinceramente o fato."[21]

No entanto, não parece de forma alguma provável que Piazza tenha pedido a impunidade por conta própria. O infeliz, como veremos mais adiante no processo, só avançava quando

---

21 *Osservazioni sulla tortura*, § IV. (N. A.)

o arrastavam; e é bem mais crível que o auditor tenha oferecido isso a ele para fazê-lo dar o primeiro passo, tão estranho e horrível, de caluniar a si mesmo e a outros. Além disso, os juízes não teriam deixado de mencionar uma circunstância tão importante quando falaram sobre isso mais tarde, e que dava ainda mais peso à confissão; nem o capitão de justiça a teria omitido na carta a Spinola.

Mas quem pode imaginar as lutas dessa alma, à qual a memória tão recente dos tormentos teria feito sentir alternadamente o terror de sofrê-los de novo e o horror de fazê-los sofrer a outrem! A quem a esperança de escapar de uma morte pavorosa só se apresentava acompanhada pelo terror de causá-la a outro inocente! Pois ele não podia acreditar que abandonassem uma presa sem terem pelo menos obtido outra, que quisessem concluir sem uma condenação. Cedeu, abraçou aquela esperança, por mais horrível e incerta que fosse; assumiu a tarefa, por mais monstruosa e difícil que fosse; decidiu pôr uma vítima em seu lugar. Mas como encontrá-la? A que fio se agarrar? Como escolher entre ninguém? Para ele, tinha havido um fato real, que servira de ocasião e pretexto para acusá-lo. Entrara na Via della Vetra, passara rente à parede, a tocara; uma desalmada vira algo, mas algo insignificante. Um fato igualmente inocente e igualmente indiferente foi, como se verá, o que lhe sugeriu a pessoa e a fábula.

O barbeiro Giangiacomo Mora compunha e vendia um unguento contra a peste; um dos milhares de fármacos que tinham e deviam ter crédito, enquanto causava tanta mortandade uma enfermidade para a qual não se conhecia o remédio, em um século em que a medicina ainda havia aprendido tão pouco a não afirmar e ensinado a não acreditar. Poucos dias antes de ser preso, Piazza havia pedido o unguento ao barbeiro; este havia prometido prepará-lo para ele; e tendo-o encontrado depois no Carrobio, na manhã do dia em que ocorreu sua prisão, lhe dissera que o frasco estava pronto e que viesse buscá-lo. Queriam de Piazza uma história de unguento, de conjuras, de Via della Vetra: aquelas circunstâncias tão recentes serviram-lhe de matéria para compor uma história; se é possível chamar de "compor" o ato de associar a muitas circunstâncias reais uma invenção incompatível com elas.

No dia seguinte, 26 de junho, Piazza é levado diante dos examinadores e o auditor o intima: "Que diga de acordo com o que confessou extrajudicialmente a mim, na presença também do notário Balbiano, se sabe quem é o fabricante dos unguentos, com o qual tantas vezes foram encontradas untadas as portas e paredes das casas e fechaduras desta cidade".

Mas o desgraçado, que, mentindo contra sua vontade, tentava se afastar o mínimo possível da verdade, respondeu apenas: "Ele me deu o unguento, o barbeiro". São as palavras traduzidas literalmente, mas postas tão fora de contexto por Ripamonti: *dedit unguenta mihi tonsor.*[22]

Dizem-lhe para "nomear o tal barbeiro", seu cúmplice e intermediário em tal atentado, e ele responde: "Acredito que tenha o nome Gio. Jacomo, mas cuja parentela [o sobrenome] não sei". Ele não sabia com certeza onde se localizava sua casa, até mesmo onde ficava sua barbearia; e, em outro interrogatório, ele o diz.

Perguntam se "do dito barbeiro, ele, o acusado, tivera pouco ou muito do dito unguento". Responde: "Ele me deu uma quantia que poderia encher este tinteiro que está aqui sobre a mesa". Se ele tivesse recebido de Mora o pequeno frasco do preservativo que pedira, teria descrito isso; mas, não podendo tirar nada de sua memória, agarra-se a um objeto presente, para se apegar a algo real. Eles perguntam "se

---

22 "O barbeiro me deu o unguento." Em latim no original. (N. T.)

esse dito barbeiro é amigo dele, acusado". E aqui, sem perceber como a verdade que lhe vem à memória entra em conflito com a invenção, ele responde: "É amigo, sim senhor, de bom dia, bom ano, é amigo, sim senhor"; quer dizer, ele o conhecia apenas de cumprimento.

Mas os examinadores, sem fazer qualquer observação, passaram a perguntar-lhe "em que ocasião o dito barbeiro lhe deu o unguento". Eis a resposta: "Eu estava passando por ali, e ele me chamou e disse: 'Tenho algo para lhe dar, uma coisinha'; e eu disse: 'O que é?', e ele disse: 'É um certo unguento'; e eu disse: 'Sim, sim, irei buscá-lo depois'; e assim, daí dois ou três dias, ele me deu". Altera as circunstâncias materiais do fato, tanto quanto necessário para acomodá--las à invenção, mas mantém sua essência; e algumas das palavras que relata eram prova-velmente aquelas que realmente foram trocadas entre eles. Palavras ditas como resultado de um acordo prévio, em relação a um preservativo, ele as apresenta como se fossem ditas com a intenção de propor de repente um envenenamento, tão insano quanto atroz.

Com tudo isso, os examinadores avançam com as perguntas, sobre o local, o dia e a hora da proposta e entrega; e, satisfeitos com as respostas, fazem mais algumas perguntas. "O que ele lhe disse quando lhe entregou o mencionado frasco de unguento?"

"Ele me disse: 'Pegue este frasco e unte as paredes aqui atrás, e depois venha até mim, que terá uma mão cheia de dinheiro'."

"Mas por que o barbeiro, sem arriscar, não ia passar o unguento por si mesmo, de noite?!", anota aqui – eu estava quase dizendo exclama – Verri. E tal inverossimilhança se torna ainda mais evidente em uma resposta posterior. Questionado "se o dito barbeiro indicou o local específico para ungir", responde: "Ele me disse para ungir ali na Vetra de' Citadini, e que começasse por sua porta, onde, de fato, comecei".

"Nem mesmo sua própria porta o barbeiro havia ungido!", anota aqui de novo Verri. E decerto sua perspicácia não era necessária para fazer tal observação; é preciso a cegueira da paixão para não fazê-la ou a malícia da paixão para ignorá-la, se, como é mais natural, também passou pela mente dos examinadores.

O infeliz inventava assim com dificuldade, e forçadamente, só quando era estimulado e pressionado pelas perguntas, que é impossível adivinhar se a promessa de dinheiro foi imaginada por ele, para dar alguma razão de ter aceitado uma tarefa daquele tipo, ou se foi sugerida a ele por uma interrogação do auditor, durante aquela tenebrosa entrevista. O mesmo deve ser dito a respeito de outra invenção, com a qual, durante o exame, ele foi indiretamente de encontro a outra dificuldade, a saber: como poderia manusear aquela substância tão mortal sem se prejudicar. Perguntaram-lhe se "o dito barbeiro lhe dissera por qual razão deveria un-

HISTÓRIA DA COLUNA INFAME

tar as portas e as paredes". Responde: "Ele não me disse nada; imagino bem que o dito unguento fosse envenenado e pudesse prejudicar os corpos humanos, pois na manhã seguinte ele me deu uma água para beber, dizendo que me protegeria do veneno daquele unguento".

Para todas essas respostas e para outras de igual valor, que seria longo e inútil relatar, os examinadores não encontraram nada para opor ou, para falar mais precisamente, não opuseram nada. Apenas de uma coisa acreditaram que deviam pedir uma explicação: "Por que ele não havia dito a verdade nas outras vezes?".

Respondeu: "Não sei, nem sei a que atribuir a causa, a não ser a essa água que ele me deu para beber; pois V. Sa. bem vê que, por todos os tormentos que tive, não pude dizer nada".

Dessa vez, porém, aqueles homens tão prontos a se contentar não ficaram satisfeitos e tornaram a perguntar: "Por que motivo não disse essa verdade antes, especialmente depois de ter sido torturado da maneira como foi torturado, no sábado e ontem?".

Essa verdade!

Responde: "Não a disse porque não pude; e mesmo que tivesse ficado cem anos na corda, nunca poderia ter dito coisa nenhuma, porque não podia falar, pois, quando me perguntavam algo sobre esse assunto específico, fugia de meu coração e não podia responder". Ao ouvir isso, encerraram o exame e enviaram o desafortunado de volta à prisão.

Mas é suficiente chamá-lo de desafortunado?

A tal pergunta, a consciência se confunde, se recusa, deseja declarar-se incompetente; parece quase uma crueldade impiedosa, uma ostentação farisaica, julgar aquele que agia em tais angústias e entre tais armadilhas. Mas, obrigada a responder, a consciência deve dizer: ele foi também culpado; os sofrimentos e os terrores do inocente são poderosos, têm grande virtude; mas não aquela de alterar a lei eterna, de fazer que a calúnia deixe de ser culpa. E a própria compaixão, que também gostaria de desculpar o torturado, se volta imediatamente contra o caluniador: ouviu nomear outro inocente; prevê outros sofrimentos, outros terrores, talvez outras culpas semelhantes.

E os homens que causaram aquelas angústias, que armaram aquelas ciladas, parecerá que os desculpamos ao dizer: eles acreditavam nos unguentos, e a tortura existia? Podemos até mesmo acreditar na possibilidade de matar pessoas com veneno; e o que diríamos de um juiz que usasse isso como argumento para justificar a condenação de um homem como envenenador? Existe ainda a pena de morte; e o que responderíamos a alguém que pretendesse com isso justificar todas as sentenças de morte? Não; não existia a tortura para o caso de Guglielmo Piazza: foram os juízes que a quiseram, que, por assim dizer, a inventaram naquele caso. Se tivesse lhes enganado, seria culpa deles, porque era obra deles; mas vimos que não os enganou. Suponhamos que tenham sido enganados pelas palavras de Piazza no último interrogatório, que tenham acreditado em um fato, exposto, explicado e detalhado daquela maneira. De onde vinham aquelas palavras? Como as obtiveram? Através de um meio, sobre a ilegitimidade do qual não podiam se enganar, e na verdade não se enganaram, pois procuraram escondê-lo e distorcê-lo.

Se, por impossível que seja, tudo o que aconteceu depois fosse uma série acidental de coisas mais aptas a confirmar o engano, a culpa ainda permaneceria com aqueles que tinham aberto o caminho. Mas veremos, pelo contrário, que tudo foi conduzido pela mesma vontade deles, a qual, para manter o engano até o fim, ainda teve de eludir as leis, assim como resistir à evidência, zombar da probidade e endurecer-se à compaixão.

Capítulo 4

O AUDITOR CORREU, COM A SOLDADESCA, até a casa de Mora e o encontraram em sua loja. Eis outro culpado que não pensava em fugir ou se esconder, mesmo que seu cúmplice estivesse na prisão havia quatro dias. Seu filho estava com ele, e o auditor ordenou que ambos fossem presos.

Verri, ao examinar os registros paroquiais de San Lorenzo, descobriu que o infeliz barbeiro também tinha três filhas: uma de catorze anos, uma de doze e uma que acabara de completar seis anos. É bonito ver um homem rico, nobre, célebre e em posição de autoridade preocupar-se em escavar as memórias de uma família pobre, obscura, esquecida: que digo? infame; e, no meio de uma posteridade, herdeira cega e tenaz da estúpida execração de seus antepassados, buscar novos objetos para uma compaixão generosa e sábia. Decerto não é razoável opor a compaixão à justiça, que deve punir mesmo quando é forçada a compadecer, e não seria justiça se perdoasse as penas dos culpados à custa do sofrimento dos inocentes. Mas, contra a violência e a fraude, a compaixão também é uma razão. E se não bastassem os primeiros sofrimentos de uma esposa e de uma mãe, aquela revelação de um medo tão novo e uma tristeza tão nova para as meninas, que viam mãos sendo postas em seu pai, em seu irmão, amarrando-os, tratando-os como criminosos, havia ainda uma acusação terrível contra aqueles que não tinham a obrigação pela justiça e nem mesmo a permissão da lei para fazê-lo.

Pois, até para efetuar a captura, naturalmente os indícios eram necessários. E aqui não havia nem fama, nem fuga, nem queixa de um ofendido, nem acusação de uma pessoa digna de fé, nem depoimentos de testemunhas; não havia nenhum corpo de delito; havia apenas o relato de um suposto cúmplice. E para que tal relato, que por si só não tinha valor algum, pudesse dar ao juiz a faculdade de processar, muitas condições eram necessárias. Teremos ocasião de ver que várias, essenciais, não foram cumpridas; e poderíamos facilmente demonstrar ainda muitas outras. Mas não é necessário, pois, mesmo que todas as condições tivessem sido cumpridas com minúcia, havia neste caso uma circunstância que tornava a acusação radical e irremediavelmente nula: ter sido feita em consequência de uma promessa de impunidade. "Aquele que revela por esperança de impunidade, seja concedida pela lei ou prometida pelo juiz, nada é acreditado contra os nomeados", diz Farinacci.[1] E Bossi: "Pode-se opor ao testemunho que aquele que o tenha dado por ter-lhe sido prometida a impunidade [...] enquanto um testemunho deve falar sinceramente e não pela esperança de uma vantagem [...] E isso vale também nos casos em que, por outras razões, se pode fazer uma exceção à regra que exclui o cúmplice de depor [...] pois aquele que depõe por uma promessa de impunidade é chamado de corrupto e não é acreditado".[2] E essa era uma doutrina não contestada.

Enquanto se preparavam para vasculhar tudo, Mora disse ao auditor: "Oh, V. Sa. veja! Eu sei que veio por causa daquele unguento; V. Sa. veja ali; e exatamente eu havia preparado aquele pequeno frasco para entregá-lo ao comissário, mas ele não veio buscá-lo; eu, graças a Deus, não errei. V. Sa. veja em todos os lu-

---

1 Quæst. XLIII, 192. V. *Summarium*. (N. A.)

2 Tractat. var., tit. *De oppositionibus contra testes*; 21. (N. A.)

História da Coluna Infame

gares; eu não errei; pode poupar o trabalho de prender-me". O infeliz acreditava que seu crime fosse ter elaborado e vendido aquele unguento específico sem licença.

Vasculharam tudo; examinaram vasos, vidrinhos, frascos, pequenos recipientes e potes. (Os barbeiros, naquela época, exerciam a baixa cirurgia; e daí, para se tornarem também um pouco médicos e um pouco farmacêuticos, era apenas um passo.)

Duas coisas pareceram suspeitas; e, pedindo desculpas ao leitor, somos obrigados a mencioná-las, pois a suspeita manifestada por eles, no ato da busca, foi o que levou o pobre desafortunado a uma indicação, um meio para poder ser acusado sob tortura. E, de resto, há, em toda essa história, alguma coisa de mais forte do que a repugnância.

Em tempo de peste, era natural que um homem que precisava lidar com muitas pessoas, especialmente doentes, se mantivesse o mais

{127}

segregado possível de sua família; e o defensor de Padilla faz essa observação quando, como veremos em breve, contesta a falta de um corpo de delito no processo. A própria peste também havia diminuído naquela população devastada a necessidade de limpeza, que já era escassa. Encontraram, portanto, em uma pequena sala atrás da barbearia, "dois vasos cheios de esterco humano", conforme mencionado no processo. Um policial se espanta com isso e (era permitido a todos falar contra os untadores) observa que "acima há um conduto". Mora responde: "Eu durmo aqui embaixo e não vou lá em cima".

A segunda coisa foi que, em um patiozinho, se viu um "fogão com uma caldeira de cobre apoiada nele, na qual encontraram água turva e no fundo uma substância viscosa amarela e branca, que, quando jogada contra a parede, feita a prova, grudava". Mora disse: "é coada" (lixívia); e o processo nota que disse isso com muita insistência: o que evidencia o quanto eles

HISTÓRIA DA COLUNA INFAME

pensavam encontrar um mistério. Mas como se arriscaram tanto a lidar com aquele veneno tão perigoso e tão misterioso? É de se supor que o furor sufocasse o medo, que também era uma de suas causas.

Depois, entre os papéis, encontrou-se uma receita que o auditor entregou a Mora, para que explicasse o que era. Este a rasgou, pois, naquela confusão, a confundiu com a receita do específico. Os pedaços foram imediatamente recolhidos, mas veremos como esse lamentável incidente foi mais tarde usado contra aquele infeliz.

No extrato do processo, não se menciona quantas pessoas foram presas com ele. Ripamonti diz que levaram toda a gente da casa e da barbearia; jovens, ajudantes, esposa, filhos, e levariam até parentes, se houvesse algum presente.[3]

---

3 *Et si consanguinei erant*, p.87. (N. A.)

Ao sair daquela casa, na qual não deveria voltar a pôr os pés, daquela casa que deveria ser demolida até aos alicerces, e dar lugar a um monumento de infâmia, o Mora disse: "Não fiz nada de errado, e se errei, que eu seja castigado; mas em relação àquele unguento, não fiz nada demais. Se cometi algum erro, peço misericórdia".

Ele foi examinado no mesmo dia, interrogado principalmente sobre a lixívia que encontraram em sua casa e suas relações com o comissário. Sobre a primeira, respondeu: "Senhor, eu não sei de nada; as mulheres a fizeram; perguntem-lhes e elas dirão. E eu sabia tanto da presença daquela lixívia quanto imaginava estar sendo conduzido à prisão hoje".

Em relação ao comissário, contou sobre o frasco de unguento que deveria dar-lhe e especificou os ingredientes; mas disse que não teve outras relações com ele, exceto que, cerca de

HISTÓRIA DA COLUNA INFAME

um ano antes, o comissário tinha ido a sua casa para pedir um serviço relacionado ao seu ofício.

Logo depois, o filho também foi interrogado; e foi então que aquele pobre rapaz repetiu a tola história do frasco e da pena, como referimos no princípio. De resto, o exame foi inconclusivo, e Verri observou em uma nota de rodapé que "deveriam ter interrogado o filho do barbeiro sobre aquela lixívia, ver há quanto tempo estava na caldeira, como fora feita e para que finalidade; e assim teriam esclarecido melhor o assunto. Mas", acrescentou, "temiam descobrir que ele não fosse culpado". E esta, verdadeiramente, é a chave de tudo.

Eles também interrogaram sobre esse particular a pobre esposa de Mora, que respondeu, às várias perguntas, que havia feito a lavagem de roupas dez ou doze dias antes; que sempre mantinha a lixívia para certos usos de cirurgia; e que por esse motivo a encontraram em casa,

{131}

mas que aquela ali não fora usada, pois não tiveram necessidade.

Fizeram analisar aquela substância por duas lavadeiras e três médicos. As lavadeiras disseram que era lixívia, mas alterada; os médicos disseram que não era lixívia; umas e outros porque o fundo era pegajoso e formava filamentos. "Em uma barbearia", diz Verri, "onde se lavam panos sujos, feridas e curativos, o que é mais natural do que encontrar um sedimento viscoso, gorduroso e amarelado, depois de vários dias de verão?"[4]

Mas, em última análise, daquelas visitas não resultava nenhuma descoberta; resultava apenas uma contradição. E o defensor de Padilla deduz disso, com razão muito evidente, que "da leitura do próprio processo ofensivo, não se constata a existência do corpo do delito; requisito e preâmbulo necessário para que se trate

---

4 *Osservazioni sulla tortura*, § IV. (N. A.)

de um crime, ato tão prejudicial, e dano irreparável". E observa que era tanto mais necessário, pois o efeito que se queria atribuir a um crime, a morte de tantas pessoas, tinha sua causa natural. "Para esses julgamentos incertos", diz ele, "o exame era necessário, como o exigiam as más constelações e os prognósticos dos matemáticos, que em 1630 não previram nada além da peste, e, finalmente, ao ver tantas cidades ilustres da Lombardia e da Itália permanecerem desoladas e destruídas pela peste, nas quais não se ouviram nem pensamentos nem medo de unções." Até o erro aqui vem ajudar a verdade: embora ela não precisasse disso. E dói ver como esse homem, depois de fazer essas e outras observações igualmente capazes de demonstrar a natureza quimérica do próprio crime, depois de atribuir ao poder da tortura as declarações que acusavam seu cliente, diz em um momento estas estranhas palavras: "Convém confessar que, por maldade dos ditos acusados e outros cúmplices, com a intenção de roubar as casas e obter ganhos, como o barbeiro disse no fol. 104, foram movidos a tal crime contra a própria pátria".

Na carta de informação ao governador, o capitão de justiça se refere a essa circunstância da seguinte maneira: "O barbeiro foi preso, e na casa dele foram encontradas algumas misturas, consideradas muito suspeitas pelos peritos". Suspeitas! É uma palavra com a qual o juiz começa, mas não termina, exceto contra sua vontade, e depois de ter tentado todos os meios para chegar à certeza. E se ninguém soubesse ou adivinhasse quais métodos estavam em uso mesmo naqueles tempos e que poderiam ter sido empregados se realmente quisessem esclarecer a natureza venenosa daquela sujeira, o homem que presidia ao processo nos teria informado. Naquela outra carta lembrada pouco acima, pela qual o tribunal da Saúde Pública havia informado o governador sobre a grande sujeira do dia 18 de maio, também falavam de um experimento feito em cães "para verificar se tais substâncias eram pestilenciais ou não". Mas naquela época eles não tinham nenhum homem sob sua custódia em quem pudessem experimentar a tortura e contra quem as multidões gritassem: *tolle!*[5]

Antes, porém, de pôr Mora nos garrotes, quiseram ter informações mais claras e precisas do comissário; e o leitor dirá que era necessário. Então, eles o fizeram comparecer e perguntaram se o que ele havia deposto era verdade e se ele se lembrava de algo mais. Ele confirmou o que dissera antes, mas não encontrou nada para acrescentar.

Então lhe disseram "que era muito inverossímil que entre ele e o barbeiro não tivesse havido outras negociações além daquela que ele confessara, tratando-se de negócio tão grave, que não se confia a pessoas para executá-lo, a

---

5 Interjeição latina, grito de desaprovação. (N. T.)

{135}

não ser por meio de uma negociação grande e confiante, e não por um impulso, como ele havia declarado".

A observação era justa, mas vinha tarde. Por que não fizeram isso desde o início, quando Piazza depôs a coisa naqueles termos? Por que chamarem uma coisa assim de "verdade"? Como tinham um senso do verossímil tão obtuso, tão lento, para precisar de um dia inteiro para se dar conta de que não havia verdade ali? Eles? Longe disso. Tinham um senso delicadíssimo, até delicado demais. Não eram aqueles mesmos que encontraram, imediatamente, coisas inverossímeis, como Piazza não ter ouvido falar da sujeira na Via della Vetra e não saber o nome dos representantes de uma paróquia? E por que, em um caso tão sofisticado, eles encontraram inverossimilhança, mas em outro caso tão evidente não acharam nada?

O motivo sabiam eles, e Aquele que sabe tudo; o que também nós podemos ver é que encontraram a inverossimilhança quando isso podia ser usado como pretexto para a tortura de Piazza; mas não a encontraram quando isso teria sido um obstáculo muito claro para a captura de Mora.

Vimos, é verdade, que a deposição do primeiro, como radicalmente nula, não lhes podia dar nenhum direito de chegar a isso. Mas, uma vez que eles queriam usá-la de qualquer modo, pelo menos precisavam mantê-la intacta. Se tivessem dito a ele desde o início estas palavras: "isso tem muito de inverossímil"; se ele não tivesse resolvido a dificuldade, reformulando o fato de uma maneira menos estranha e sem contradizer o que já havia dito (o que era pouco provável); eles teriam se encontrado em uma encruzilhada, tendo que deixar Mora em paz ou prendê-lo depois de terem protestado, por assim dizer, antecipadamente contra tal ato.

A observação foi acompanhada de uma terrível advertência. "E, portanto, se ele não se resolver a contar toda a verdade, como prometeu, não se observará a impunidade prometida sempre que encontrarem qualquer atenuação em sua confissão anterior, ou se ele não mencionar tudo o que aconteceu entre ele e o mencionado barbeiro, e que, ao contrário, se ele contar a verdade, manterão a impunidade prometida."

E aqui se vê, como mencionamos antes, de que maneira o fato de não recorrer ao governador para obter a impunidade pode ter servido aos juízes. Se concedida pelo governador, com autoridade real e reservada, por meio de um ato solene e a ser inserido no processo, a impunidade não poderia ser retirada com tanta desenvoltura. As palavras ditas por um auditor poderiam ser anuladas por outras palavras.

Note-se que a impunidade para Baruello foi solicitada ao governador em 5 de setembro, ou seja, depois da execução de Piazza, Mora e alguns outros infelizes. Seria possível então se arriscar a deixar alguns escaparem: a fera já havia devorado e seus rugidos não deviam mais ser tão impacientes e imperiosos.

Diante desse aviso, o comissário, que estava firme em sua maligna intenção, teve de aguçar sua inteligência o mais que podia, mas não conseguiu ir além de repetir a mesma história. "Direi a V. Sa.: dois dias antes de me dar o unguento, o mencionado barbeiro estava no Corso di Porta Ticinese, com mais três pessoas; e ao me ver passar, ele disse: comissário, tenho um unguento para lhe dar; eu perguntei a ele: quer me dar agora? Ele respondeu que não, e na hora ele não me disse qual seria o efeito do dito unguento; mas quando ele o deu a mim depois, disse que era um unguento para untar as paredes, para fazer as pessoas morrerem; e eu não perguntei se ele havia testado. No entanto, da primeira vez, tinha dito: ele não me disse nada; bem imagino que o dito unguento fosse venenoso; na segunda vez: ele disse que era para fazer as pessoas morrerem." Mas sem fazer caso de tal contradição, perguntam "quem eram aqueles que estavam com o mencionado barbeiro e como estavam vestidos".

Quem eram, ele não sabe; suspeita que deviam ser vizinhos de Mora; como estavam vestidos, ele não se lembra; apenas mantém que é verdade tudo o que depôs contra ele. Perguntado se está pronto para sustentar na frente dele, responde que sim. É submetido à tortura, para purgar a infâmia e para que possa fornecer evidências contra aquele infeliz.

Os tempos da tortura estão, graças a Deus, bastante distantes, assim essas fórmulas exigem explicação. Uma lei romana prescrevia que "o testemunho de um gladiador ou pessoa similar não valia sem tortura".[6] A jurisprudência também tinha determinado, sob o título de "infames", as pessoas a quem essa regra deveria ser aplicada; e o réu, confesso ou convencido,

---

6 Dig. Lib. XXII, tit. V, *De testibus*; I, 21, 2. (N. A.)

História da Coluna Infame

entrava nessa categoria. Eis, pois, como entendiam que a tortura purgasse a infâmia. Como infame, diziam, o cúmplice não merece fé; mas quando ele afirma algo contra seu forte interesse, vivo e presente, pode-se acreditar que a verdade é o que ele está sendo forçado a afirmar. Portanto, se depois o réu se tornar acusador de outros, é intimado a retratar a acusação ou se submeter à tortura, e ele persiste na acusação; se, depois de a ameaça ser efetivada, ele ainda persistir mesmo sob os tormentos, seu testemunho se torna crível: a tortura purgou a infâmia, restaurando àquele testemunho a autoridade que não poderia ter devido ao caráter da pessoa.

E por quê, então, eles não haviam confirmado a primeira deposição de Piazza sob tortura? Foi também para não pôr em risco aquela deposição, tão insuficiente, mas tão necessária para capturar Mora? Certamente, tal omissão tornava a deposição ainda mais ilegal: pois se

{141}

admitia que a acusação de um infame, não confirmada durante a tortura, poderia dar origem, como qualquer outro indício mais defeituoso, a obter informações, mas não a prosseguir contra a pessoa.[7] E no que concerne ao costume no foro de Milão, Claro atesta de forma geral: "Para que o testemunho do cúmplice seja considerado válido, é necessário que seja confirmado pela tortura, porque, sendo ele infame por causa do próprio crime, não pode ser admitido como testemunha sem tortura; e assim é feito por nós: *et ita apud nos servatur*".[8]

Portanto, era ao menos legal a tortura praticada contra réu na última ocasião? Não, certamente: era iníqua, mesmo de acordo com as leis, já que a usaram para validar uma acusação que não poderia se tornar válida por nenhum meio, devido à impunidade que a causara. E veja

---

7 V. Farinacci, Quæst. XLIII, 134, 135. (N. A.)

8 Op. cit. Quæst. XXI, 13. (N. A.)

como Bossi os advertira a propósito: "Sendo a tortura um mal irreparável, que se tenha cuidado de não fazê-la sofrer em vão um réu em casos semelhantes, ou seja, quando não houver outras presunções ou indícios do crime".[9]

Mas o quê? Violavam então a lei, ao submetê-lo e ao não submetê-lo à tortura? Decerto; e qual a surpresa, se, uma vez tomado um caminho falso, chega-se a duas opções que não são boas, nem uma nem outra?

De qualquer forma, é fácil perceber que a tortura praticada para fazer o réu retratar uma acusação não deve ter sido tão eficaz quanto a praticada para forçá-lo a acusar. Na verdade, dessa vez eles não tiveram de registrar exclamações, gritos ou gemidos; ele sustentou sua declaração tranquilamente.

---

9 Op. cit. tit. *De indiciis et considerationibus ante torturam*; 152. (N. A.)

Perguntaram-lhe duas vezes por que não a fez nas primeiras deposições. É claro que não podiam tirar da mente a dúvida e do coração o remorso de que aquela história absurda fosse uma invenção para a impunidade. Ele respondeu: "Foi por causa do bloqueio feito pela água que mencionei que tinha bebido". Eles certamente teriam desejado algo mais conclusivo; mas tiveram de se contentar. Haviam negligenciado, ou melhor, evitado e excluído todos os meios que poderiam levar à descoberta da verdade: das duas conclusões opostas que poderiam surgir da investigação, eles queriam uma, e usaram primeiro um meio, depois outro, para obtê-la a qualquer custo: poderiam eles pretender encontrar a satisfação que a verdade sinceramente buscada poderia dar? Apagar a luz é um meio muito conveniente de não ver o que não agrada, mas não de ver o que se deseja.

Baixado da corda, e enquanto o desamarravam, o comissário disse: "Senhor, quero pensar um pouco até amanhã, e depois direi algo mais, que lembrarei, tanto contra ele quanto contra outros".

Enquanto o conduziam de volta à prisão, parou e disse: "Eu não sei o que dizer"; e mencionou como pessoas amigas de Mora, e alguns de má reputação, aquele Baruello e os dois *foresari*,[10] Girolamo e Gaspare Migliavacca, pai e filho.

Assim, o infeliz tentava suprir a falta de provas com o número de vítimas. Mas aqueles que o interrogaram podiam não perceber que esse modo de aumentar a lista era apenas uma prova adicional de que ele não tinha mais nada a dizer? Foram eles que lhe pediram por circunstâncias que tornassem o fato verossímil; e quem propõe a dificuldade não pode dizer

---

10 Amoladores de tesouras para cortar o fio de ouro. O fato de haver uma profissão específica para essa indústria secundária mostra como a principal ainda prosperava. (N. A.)

que não a vê. Aquelas novas denúncias vagas, ou aquelas tentativas de denúncias, queriam dizer abertamente: vocês querem que eu torne um fato claro; como é possível, se o fato não existe? Mas, por último, o que importa a vocês é ter pessoas para condenar: eu lhes dou algumas pessoas; cabe a vocês tirarem o que precisam delas. Com algumas delas, terão sucesso: comigo, vocês tiveram.

Nada mencionaremos daqueles três nomeados por Piazza e outros que, mais adiante, foram nomeados com igual fundamento e condenados com igual segurança, a menos que seja necessário para sua história e de Mora (que, por serem os primeiros a cair nas mãos deles, foram sempre considerados os principais autores do crime); ou a menos que algo digno de observação particular surja disso. Omitimos, também nesse ponto, como faremos em outros lugares, fatos secundários e incidentais, para chegarmos

História da Coluna Infame

imediatamente ao segundo interrogatório de Mora, que ocorreu naquele mesmo dia.

Em meio a várias perguntas, sobre seu trabalho específico, sobre a lixívia, sobre certos lagartos que ele havia feito alguns meninos capturarem para fabricar um remédio daqueles tempos (perguntas às quais ele respondeu como um homem que não tem nada a esconder ou inventar), eles lhe apresentam os pedaços daquele papel que ele havia rasgado durante a visita. "Reconheço", disse, "como aquela escrita que inadvertidamente rasguei; e os pedaços podem ser reunidos para ver o que contém, e ainda me virá à memória quem foi que me deu."

Passaram, depois, a fazer-lhe um interrogatório assim: "De que modo, não tendo mais do que uma amizade casual com o mencionado comissário chamado Guglielmo Piazza, como disse em seu precedente exame, esse comissário, com tanta liberdade, lhe pediu o referido vaso de preservativos; e ele, acusado, com tanta liberdade e rapidez se ofereceu para entregá-lo, e solicitou para buscá-lo, como depôs em seu outro interrogatório.

Eis que volta de novo em jogo a medida estreita da verossimilhança. Quando Piazza afirmou pela primeira vez que o barbeiro, "seu amigo de bom dia e bom ano", com a mesma "liberdade e presteza", lhe oferecera um frasco para matar pessoas, não duvidaram disso; duvidam de quem afirma que era um remédio. No entanto, naturalmente, deve-se ter menos cuidado ao procurar um cúmplice necessário a uma transgressão leve, e para uma coisa em si honestíssima, do que ao procurá-lo, sem necessidade, para um atentado tão perigoso quanto execrável; e essa não é uma descoberta que foi feita nos últimos dois séculos. Não era o homem do século XVII que raciocinava assim ao contrário: era o homem da paixão. Mora respondeu: "Eu o fiz por interesse".

Eles lhe perguntam depois se conhecia aqueles que Piazza nomeara; ele responde que os conhece, mas não são seus amigos, pois são "certa gente que é melhor deixar cuidar da própria vida". Perguntam-lhe se sabe quem sujou toda a cidade; ele responde que não. Se sabe de onde o comissário obteve o unguento para untar as muralhas; ele responde de novo que não.

Perguntam finalmente "se ele sabe se alguém, oferecendo dinheiro, pediu ao dito comissário para untar as muralhas da Vetra de' Cittadini e, para fazer isso, tenha dado um frasco de vidro com tal unguento dentro". Ele responde, inclinando a cabeça e baixando a voz (*flectens caput, et submissa voce*): "Não sei de nada".

Talvez apenas então ele começasse a perceber a que estranho e terrível fim poderia levar aquele rodízio de perguntas. E quem sabe de que forma isso foi feito por aqueles que, inseguros, querendo ou não, de sua descoberta, deviam insinuar que sabiam, e se mostrar previamente fortes contra as negativas que previam. As expressões e os atos que faziam não eram notados. Então continuaram a perguntar diretamente a ele: "se ele, o arguido, procurara o mencionado Guilherme Piazza, comissário da Saúde Pública, para untar as muralhas em torno da Vetra de' Cittadini, e se ele, o arguido, deu-lhe um frasco de vidro contendo o unguento que deveria usar; com a promessa de dar-lhe ainda uma quantidade de dinheiro.

Exclamou, mais do que respondeu: "Senhor, não! *Maidè*,[11] não! Não, pela eternidade! Eu, fazer uma coisa assim? São palavras que tanto um culpado quanto um inocente podem dizer, mas não da mesma maneira".

---

11 Antiga interjeição milanesa, equivalente ao toscano *madiè*, "partícula usada pelos antigos, ao estilo provençal", diz a Crusca. Originalmente, significava "meu Deus"; e era uma das muitas fórmulas de juramento que entraram no discurso comum. Mas, nesse caso, aquele nome fora mencionado em vão. (N. T.)

Foi-lhe replicado: "O que dirá então quando o mencionado Guilherme Piazza, comissário da Saúde Pública, lhe sustentar essa verdade na sua cara?".

Novamente *esta verdade*! Conheciam o assunto apenas pela deposição de um suposto cúmplice; a este, eles mesmos haviam dito, no mesmo dia, que, tal como ele a contava, "tinha muito de inverossímil"; ele não havia conseguido acrescentar nem uma sombra de verossimilhança, se a contradição não a dá; e para Mora, diziam francamente: *Esta verdade*! Era, repito, a rudeza da época? Era barbárie das leis? Era ignorância? Era superstição? Ou era uma daquelas vezes em que a iniquidade se desmente por si só?

Mora responde: "Quando ele me disser isso na cara, direi que ele é um infame e que não pode dizer isso, pois nunca falou comigo sobre tal coisa, e que Deus me guarde!".

Piazza é trazido e, na presença de Mora, é questionado sucessivamente se é verdade isso e isso e isso; tudo aquilo que ele declarara. Responde: "Sim, senhor, que é verdade". O pobre Mora grita: "Ah, Deus de misericórdia! Isso nunca será comprovado".

O comissário: "Estou nesses termos por sua causa".

Mora: "Nunca se encontrará alguém que diga isso; o senhor nunca provará que esteve em minha casa".

O comissário: "Pudesse eu não ter ido à sua casa, como fui; eis a que estou reduzido por sua causa".

Mora: "Nunca será comprovado que o senhor esteve em minha casa".

Depois disso, foram mandados de volta, cada um para sua cela.

O capitão da justiça, na carta ao governador, citada várias vezes, descreveu esse confronto da seguinte maneira: "Piazza animosamente afirmou em sua cara que é verdade que recebeu dele tal unguento, com as circunstâncias de lugar e de tempo". Spinola deve ter acreditado que Piazza tivesse especificado essas circunstâncias, contraditoriamente a Mora; e toda essa afirmação animosa se resumiu, na verdade, a um simples "Sim, senhor, é verdade".

A carta termina com estas palavras: "Outras diligências estão sendo feitas para descobrir outros cúmplices ou mandantes. Enquanto isso, quis que o que aconteceu fosse conhecido por V. Exa., a quem humildemente beijo as mãos e desejo sucesso em suas empreitadas". Provavelmente, foram escritas outras cartas, que se perderam. Quanto às empreitadas, os votos não foram realizados. Spinola, não recebendo reforços e já se desesperando para tomar Casale, adoeceu, até mesmo de desgosto, no início de setembro, e morreu no dia 25, não conseguindo alcançar o ilustre apelido de tomador de cidades, adquirido nos Flandres, e dizendo (em espanhol): "Roubaram-me a honra". Fizeram-lhe algo pior, ao lhe darem um encargo que trazia tantas obrigações, das quais parecia que uma só o preocupava, e provavelmente lhe deram o cargo apenas por causa desta.

No dia seguinte ao confronto, o comissário pediu para ser ouvido e, quando foi admitido, disse: "O barbeiro disse que nunca estive na casa dele; por isso, V. Sa. interrogue Baldassar Litta, que está na casa de Antiano, na Contrada di S. Bernardino, e Stefano Buzzio, que é tintureiro e mora junto ao portão de S. Agostino, perto de S. Ambrogio, os quais estão informados de que estive na casa e no negócio do dito barbeiro".

Ele fez essa declaração por conta própria? Ou foi uma sugestão dada pelos juízes? A primeira opção seria estranha, e o resultado mostrará isso; a segunda tinha um motivo fortíssimo. Queriam um pretexto para submeter Mora à tortura; e entre as coisas que, segundo a opinião de muitos juristas, poderiam dar à acusação de um cúmplice o valor que não tinha por si só, e torná-la uma indicação suficiente para a tortura do acusado, estava o fato de existir amizade entre eles. Mas não uma simples amizade, de conhecido apenas; porque, "se for entendida assim", diz Farinacci, "qualquer acusação de um cúmplice se tornaria um indício, sendo fácil demais que o acusador conheça o acusado de alguma forma; mas antes uma convivência próxima e frequente, que tornasse verossímil que eles pudessem ter planejado o crime".[12] Por isso, desde o princípio perguntaram ao comissário "se o dito barbeiro era amigo dele, acusado". Mas o leitor deve se lembrar da resposta que ele deu: "Amigo sim, de bom dia, bom ano". A intimação ameaçadora feita depois também não havia produzido nada mais; e o que eles haviam buscado como um

---

12 Quæst. XLIII, 172-174. (N. A.)

meio se tornara um obstáculo. É verdade que isso não era e não poderia se tornar um meio legítimo ou legal, e que a amizade mais íntima e mais comprovada não poderia dar valor a uma acusação tornada irremediavelmente nula pela promessa de impunidade. Mas, sobre essa dificuldade, como sobre tantas outras que não resultavam materialmente do processo, passaram por cima: tinham-na posto em evidência eles próprios com suas perguntas; e precisavam encontrar uma solução. No processo, há relatos de conversas de carcereiros, guardas e prisioneiros por outros crimes, colocados junto com esses infelizes "para extrair algo da boca deles". Portanto, é mais do que provável que, usando um desses meios, tenham feito o comissário dizer que sua salvação poderia depender das provas que ele fornecesse sobre sua amizade com Mora; e, para não negar que não a tinha, o desgraçado recorreu a esse recurso, que provavelmente nunca teria pensado por conta própria. Porque a prova que poderia ser fornecida com base no testemunho dos dois que ele citou pode ser vista a partir das deposições deles. Baldassar Litta, interrogado "se alguma vez vira Piazza na casa ou no negócio de Mora", respondeu: "Senhor, não". Stefano Buzzi, interrogado "se sabe que entre o tal Piazza e o dito barbeiro havia alguma amizade", respondeu: "Pode ser que sejam amigos e se cumprimentem, mas não saberia dizer a V. Sa.". Interrogado novamente "se sabe se o dito Piazza já estivera alguma vez na casa ou no negócio do tal barbeiro", responde: "Não saberia dizer de modo algum a V. Sa.".

Em seguida, quiseram ouvir outro testemunho para verificar uma circunstância afirmada por Piazza em sua deposição, ou seja, que um certo Matteo Volpi estava presente quando o barbeiro lhe tinha dito: "Tenho algo para lhe dar, uma coisinha". Esse Volpi, interrogado sobre isso, não só respondeu que não sabia de nada, mas, "admoestado", acrescentou resolutamente: "Eu jurarei que nunca os vi falando juntos".

No dia seguinte, 30 de junho, Mora foi submetido a um novo interrogatório, e nunca se adivinharia o modo como começaram.

"Que diga por que razão ele, acusado, em seu outro depoimento, ao ser confrontado com Guglielmo Piazza, comissário da Saúde Pública, negou que o conhecesse, afirmando que nunca esteve em sua casa, o que, no entanto, foi sustentado em contrário perante ele; e ainda, em seu primeiro depoimento, mostrou conhecê-lo muito bem, coisa que outros também testemunharam no processo; o que também se reconhece por verdadeiro por sua prontidão em oferecer-lhe e preparar-lhe o frasco de preservativo, mencionado em seu precedente interrogatório."

Responde: "É bem verdade que o dito comissário passa frequentemente diante de meu negócio; mas não tem intimidade com minha casa nem comigo".

Replicam: "Que isso não só contradiz seu primeiro depoimento, mas também o depoimento de outras testemunhas...".

Aqui, qualquer observação é supérflua.

Não ousaram, porém, torturá-lo com base no depoimento de Piazza, mas o que fizeram? Recorreram ao expediente dos inverossímeis; e, coisa de não se acreditar, um, foi a negação de que tivesse amizade com Piazza e que ele frequentasse sua casa; enquanto afirmava ter lhe prometido o preservativo! O outro, a explicação insatisfatória sobre a razão pela qual havia rasgado aquele escrito. E Mora continuava a dizer que havia feito isso sem pensar, e que, não acreditando que tal coisa pudesse importar à justiça; ou que temesse, pobre infeliz!, agravar a situação confessando que o fez para ocultar a prova de uma contravenção, ou talvez ele realmente não conseguisse explicar a si mesmo o que fez naqueles primeiros momentos de confusão e pavor. Seja como for, tinham os pedaços; e se acreditavam que havia alguma evidência do crime naquele documento, poderiam tê-lo remendado e lido de novo como antes: o próprio Mora sugerira isso a eles. Além do mais, quem acreditaria que eles ainda não haviam feito aquilo?

Então, intimaram Mora, com a ameaça da tortura, para que dissesse a verdade sobre esses dois pontos. Ele respondeu: "Já disse tudo o que ocorreu a respeito do escrito; e o comissário pode dizer o que quiser, porque está falando uma infâmia, pois eu não lhe dei nada".

Acreditava (e não devia acreditar?) que essa seria, em última análise, a verdade que queriam dele; mas não, senhor; disseram-lhe "que essa particularidade não estava sendo investigada, pois a respeito dela não há interrogação, e que, por ora, não queriam outra verdade dele além de saber por que tinha *scarpato* (rasgado) o tal documento e por que negou e continua negando que o comissário esteve em sua barbearia, querendo demonstrar quase não conhecê-lo".

Não se encontraria facilmente, imagino, outro exemplo tão descaradamente mentiroso em relação às formalidades legais. Sendo, de modo por demais manifesto, faltante o direito de ordenar a tortura pelo objeto principal, antes, único, da acusação, queriam fazer constar que era por outra coisa. Mas o manto da iniquidade é curto; e não se pode puxá-lo para cobrir uma parte sem deixar outra descoberta. Assim, ficava claro que eles não tinham mais do que dois pretextos iniquíssimos para empregar aquela violência: um deles já declarado como tal por eles mesmos, por não quererem revelar o conteúdo do escrito; o outro, demonstrado como tal, e pior, pelas testemunhas com as quais tentaram torná-lo um indício legal.

Querem mais? Mesmo que as testemunhas tivessem confirmado plenamente a segunda afirmação de Piazza sobre aquela circunstância específica e acessória; mesmo que a impunidade não estivesse envolvida; o depoimento dele não poderia mais fornecer nenhum indício legal. "O cúmplice que varia e se contradiz em seus depoimentos, assim tornando-se também perjuro, não pode fornecer, contra os acusados, indícios para a tortura... nem mesmo para a interrogação... e esta pode ser considerada uma doutrina comumente aceita pelos doutores."[13]

Mora foi submetido à tortura!

O infeliz não tinha a robustez de seu caluniador. Por algum tempo, porém, a dor só o fez soltar gritos lamentosos e protestos de ter dito a verdade. "Oh, meu Deus! Eu não conheço aquele homem nem jamais tive contato com ele, e por isso não posso dizer [...] e é por isso que ele mente ao dizer que teve contato comigo em minha casa ou que esteve em meu negócio. Estou morto! Misericórdia, meu Senhor! Mi-

---

13 Farinacci, Quæst. XLIII; 185, 186. (N. A.)

sericórdia! Rasguei o documento, acreditando que era a receita de meu elixir [...] porque eu queria o lucro apenas para mim".

"Isso não é causa suficiente", disseram-lhe. Suplicou para ser deixado em paz e que diria a verdade! Foi desamarrado, e disse: "A verdade é que o comissário não tem nenhum contato comigo". O tormento foi recomeçado e intensificado: diante das impiedosas exigências dos examinadores, o infeliz respondia: "V. Sa. veja o que quer que eu diga, eu direi": é a resposta de Filotas, a quem torturavam por ordem de Alexandre, o Grande, "que, ele também, estava escutando por trás de uma tapeçaria";[14] *dic quid me velis dicere*,[15,16] e é a resposta de vá saber quantos outros infelizes.

---

14 Plutarco, *Vita d'Alessandro*; tradução de Pompei. (N. A.)
15 "Então diga o que quer que eu diga." Em latim no original. (N. T.)
16 Q. Curtii, VI, 11. (N. A.)

Finalmente, sendo mais poderoso o sofrimento do que a repugnância de caluniar a si mesmo, do que o pensamento do suplício; ele disse: "Dei um pequeno vaso cheio de algo feio, ou seja, estrume, para que sujasse as paredes, ao comissário. V. Sa. me desamarre, que eu direi a verdade".

Assim, conseguiram fazer que Mora confirmasse as conjecturas do esbirro, assim como Piazza havia confirmado as imaginações da mexeriqueira; mas nesse segundo caso, com uma tortura ilegal, assim como no primeiro, com ilegal impunidade. As armas vieram do arsenal da jurisprudência, mas os golpes foram dados arbitrariamente, e de modo traiçoeiro.

Ao verem que a dor estava produzindo o efeito que haviam desejado, não atenderam à súplica do infeliz de fazê-la parar imediatamente. Ordenaram "que comece a falar".

Disse: "Era esterco humano, coado" (lixívia, e eis o efeito daquela visita à caldeira, iniciada com tanto aparato e interrompida com tanta perfídia); "porque ele me pediu, quer dizer, o comissário, para untar as casas, e daquela matéria que sai da boca dos mortos levados nas carroças". Nem mesmo isso era uma invenção sua. Em um exame posterior, interrogado "onde aprendeu aquela composição", respondeu: "Diziam assim na barbárie, que se empregava aquela substância que sai da boca dos mortos [...] e eu tive a ideia de adicionar a lixívia e o esterco". Ele poderia ter respondido: "Aprendi com meus assassinos; aprendi com os senhores e com o público".

Mas há aqui outra coisa de muito estranho. Como ele teria feito uma confissão que não lhe fora pedida, que, aliás, foi excluída daquele exame, quando lhe disseram "que não estavam buscando essa particularidade, pois não interrogam sobre ela?". Já que a dor o arrastava para a mentira, parece natural que a mentira devesse estar pelo menos nos limites do que era pedido.

Podia dizer que era amigo íntimo do comissário; podia inventar qualquer motivo culposo, agravante, por ter rasgado o escrito; mas por que ir além do que era induzido? Talvez, enquanto era vencido pelos espasmos, estivessem sugerindo outros meios para encerrar o assunto? Fazendo-lhe outras perguntas que não foram registradas no processo? Se assim fosse, poderíamos estar enganados ao dizer que eles haviam enganado o governador, fazendo-o acreditar que Piazza havia sido interrogado sobre o crime. Mas, se não tivéssemos posto em foco a suspeita de que a mentira estava no processo, e não na carta, foi porque os fatos não nos davam motivo suficiente. Agora é a dificuldade de admitir um fato estranhíssimo que quase nos força a fazer uma suposição atroz, acrescentada a tantas atrocidades evidentes. Encontramo-nos, digo, entre crer que Mora se acusasse, sem ser interrogado, de um delito horrível, que não cometera, o que lhe acarretaria uma morte

História da Coluna Infame

assustadora, e conjecturar que, enquanto reconheciam o fato de não terem um título suficiente para torturá-lo a ponto de fazê-lo confessar aquele crime, aproveitaram-se da tortura praticada contra ele por outro pretexto, para arrancar dele tal confissão. Que o leitor veja por si o que lhe parece mais provável.

O interrogatório que sucedeu à tortura foi, por parte dos juízes, como havia sido o do comissário depois da promessa de impunidade, uma mistura ou, melhor dizendo, um contraste de insensatez e astúcia, um multiplicar de perguntas sem fundamento e um omitir de investigações mais evidentemente indicadas pela causa, mais imperativamente prescritas pela jurisprudência.

Posto o princípio de que "ninguém comete um crime sem motivo", reconhecendo o fato de que "muitos espíritos fracos haviam confessado crimes que, depois da condenação e no momento do suplício, tinham protestado não ter cometido e que, de fato, quando já não adiantava mais nada, se verificou que não tinham cometido", a jurisprudência havia estabelecido que "a confissão não tinha valor se não estivesse expressa a motivação do crime, e se essa motivação não fosse verossímil e grave em proporção ao próprio crime".[17] Ora, o infelicíssimo Mora, reduzido a improvisar novas fábulas para confirmar aquela que devia conduzi-lo a um atroz suplício, disse, naquele interrogatório, que havia obtido a baba dos mortos da peste por intermédio do comissário, que este lhe havia proposto o crime, e que o motivo para cometer e aceitar uma proposta assim era que, ao se infectarem por aquele meio muitas pessoas, lucrariam os dois: um, em seu cargo de comissário; o outro, com a venda do preservativo. Não perguntaremos ao leitor se, entre a enormidade e os perigos de tal crime,

---

17 Farinacci, Quæst. L. 31; LXXXI; 40; LII, 150, 152. (N. A.)

e a importância desses ganhos (para os quais, aliás, os recursos da natureza certamente não faltavam), havia proporção. Mas se acreditasse que aqueles juízes, por serem do século XVII, a consideravam plausível e que tal motivo lhes parecia verossímil, ouviria os próprios dizerem que não, em outro interrogatório.

Porém, havia mais: contra a motivação adotada por Mora havia uma dificuldade mais positiva, mais material e talvez até mais forte. O leitor pode se lembrar de que o comissário, acusando-se a si mesmo, também havia adotado o motivo que o levara ao crime, ou seja, que o barbeiro lhe dissera: "Unte [...] e depois venha até mim, e terá uma mão", ou, como ele disse no depoimento seguinte, "uma boa mão de dinheiro". Eis, portanto, duas motivações para um único delito: duas motivações não apenas diferentes, mas opostas e incompatíveis. É o próprio homem que, segundo uma confissão, oferece generosamente dinheiro para conseguir um cúmplice; segundo a outra, ele concorda com o crime na esperança de um ganho miserável. Esqueçamos o que foi visto até aqui: como surgiram essas duas motivações, com quais meios foram obtidas essas duas confissões; vamos tomar as coisas no ponto em que estão agora. O que fariam, encontrando-se nesse ponto, juízes aos quais a paixão não tivesse pervertido, ofuscado, entorpecido a consciência? Eles se assustariam por terem ido (mesmo sem culpa) tão longe; se consolariam por não terem ido até o final, até o completo irreparável; parariam no empecilho afortunado que os impedira de cair no precipício; tentariam resolver aquela dificuldade, quereriam desfazer aquele nó, empregando toda a arte, insistência e manobras dos interrogatórios; recorreriam a confrontos; não dariam um passo até descobrirem (e era talvez coisa difícil?) qual dos dois mentia, ou se talvez ambos estivessem mentindo. Nossos examinadores, obtida

HISTÓRIA DA COLUNA INFAME

a resposta de Mora: "porque ele teria lucrado muito, pois muitas pessoas teriam ficado doentes, e eu teria lucrado bastante com meu elixir", foram adiante.

Depois disso, bastará, se não for até demais, abordar breve e parcialmente o restante daquele depoimento.

Perguntado "se há outros cúmplices neste negócio", ele responde: "Piazza deve ter seus companheiros, mas não sei quem são". Protestam que "não é verossímil que ele não saiba". Ao som daquela palavra, terrível prenúncio de tortura, o infeliz afirma imediatamente, de forma mais positiva: "São os amoladores e Baruello": aqueles que haviam sido nomeados e indicados no depoimento anterior.

Ele diz que guardava o veneno no fogão, ou seja, onde eles haviam imaginado que poderia estar. Ele descreve como o preparava e conclui: "jogava o restante na Vetra". Não podemos deixar de não transcrever aqui uma anotação de

Verri: "E não teria jogado o restante na Vetra depois da prisão de Piazza!".

Ele responde ao acaso a outras perguntas que lhe fazem sobre circunstâncias de lugar, tempo e coisas semelhantes, como se estivesse tratando de um fato claro e comprovado em substância, faltando apenas os detalhes; e, finalmente, ele é de novo submetido à tortura, para que seu depoimento pudesse valer contra os nomeados, em especial contra o comissário. Ao qual, para validar um depoimento, foi aplicada a tortura oposta a essa em pontos essenciais! Aqui não podemos citar textos legais ou opiniões de doutores, pois a jurisprudência não previa um caso similar.

A confissão feita sob tortura não valia, a menos que fosse ratificada sem tortura, e em outro lugar, onde o horrível instrumento não pudesse ser visto, e não no mesmo dia. Encontraram-se argumentos na ciência para tornar espontânea, se fosse possível, uma confissão forçada e para

História da Coluna Infame

satisfazer tanto o bom senso, que afirmava claramente que a palavra arrancada pela dor não pode merecer fé, e à lei romana que consagrava a tortura. Na verdade, a razão para essas precauções era extraída da própria lei, ou seja, daquelas estranhas palavras: "A tortura é coisa frágil e perigosa e sujeita a enganar; pois muitos, por força de espírito ou corpo, suportam tão pouco os tormentos que não se pode, por esse meio, obter a verdade deles; outros são tão intolerantes à dor que dizem qualquer falsidade em vez de suportar os tormentos".[18] Digo: estranhas pala-

---

18 *Res est (quæstio) fragilis et periculosa, et quæ veritatem fallat. Nam plerique, patientia sive duritia tormentorum, ita tormenta contemnunt, ut exprimi eis veritas nullo modo possit, alii tanta sunt impatientia, ut quovis mentiri quam pati tormenta velint.* Dig., Lib. XLVIII, tit. XVIII, 1, I, 23. (N. A.) "A questão é frágil e perigosa, e pode enganar a verdade. Pois muitos, diante da paciência ou da dureza dos tormentos, desprezam tanto os tormentos que a verdade não pode ser extraída deles de forma alguma; outros são tão impacientes que preferem mentir a suportar qualquer tormento." Em latim no original. (N. T.)

{173}

vras em uma lei que mantinha a tortura; e para entender como não tirava outra consequência além de que "não se deve acreditar sempre nos tormentos", deve-se lembrar que essa lei foi feita originalmente para os escravos, que, na abjeção e perversidade do paganismo, puderam ser considerados como coisas e não pessoas, e sobre eles, portanto, se acreditava ser lícito qualquer experimento, a ponto de serem torturados para descobrir os crimes dos outros. Novos interesses de novos legisladores levaram a aplicá-la também às pessoas livres; e a força da autoridade a fez durar muitos séculos além do paganismo: exemplo não raro, mas notável, de como uma lei, uma vez iniciada, pode se estender além de seu princípio e sobreviver a ele.

Para cumprir, portanto, tal formalidade, chamaram Mora para um novo interrogatório no dia seguinte. Mas como em tudo, eles deviam pôr alguma coisa de insidioso, de vantajoso, de sugestivo, então, em vez de perguntarem se ele pretendia ratificar sua confissão, pergun-

HISTÓRIA DA COLUNA INFAME

taram-lhe "se tinha alguma coisa a acrescentar ao seu exame e confissão, que fez ontem, depois de ter sido poupado dos tormentos". Excluíram a dúvida: a jurisprudência queria que a confissão sob tortura fosse posta em questão; eles a consideravam como firme e pediam apenas que fosse acrescida.

Mas naquela hora (diríamos de repouso?), o sentimento de inocência, o horror do suplício, o pensamento na esposa, nos filhos, talvez tivesse dado ao pobre Mora a esperança de ser mais forte contra novos tormentos; e ele respondeu: "Senhor, não tenho nada a acrescentar, tenho antes algo a diminuir". Foram obrigados a perguntar "o que tinha a diminuir". Respondeu mais abertamente, como se tomando coragem: "Aquele unguento que mencionei, eu não o fiz de jeito nenhum,[19] e o que eu disse,

---

19 Aqui, o autor usa a expressão em dialeto milanês *minga*, pondo em tradução, entre parênteses, a expressão italiana *mica*, que é um reforço negativo. (N. T.)

eu disse por causa dos tormentos". Imediatamente, ameaçaram com a renovação da tortura; e isso (deixando de lado todas as outras violentas irregularidades) sem ter esclarecido as contradições entre ele e o comissário, ou seja, sem poderem dizer por si mesmos se aquela nova tortura lhe seria infligida com base em sua confissão ou no testemunho do outro; se como cúmplice ou como réu principal; se por um crime cometido por incitação de outrem ou do qual ele fora o instigador; se por um delito que ele quis pagar generosamente ou do qual esperava um miserável ganho.

Diante daquela ameaça, respondeu novamente: "Repito que o que eu disse ontem não é nada verdade, e eu disse por causa dos tormentos". Depois continuou: "V. Sa. me deixe rezar rapidamente uma Ave-Maria, e depois farei o que o Senhor me inspirar"; e ajoelhou-se diante de uma imagem do Crucificado, ou seja, d'Aquele que um dia julgaria seus juízes.

HISTÓRIA DA COLUNA INFAME

Levantando-se depois de algum tempo e incitado a confirmar sua confissão, ele disse: "Em minha consciência, nada é verdade". Conduzido imediatamente à sala de tortura e amarrado, o infelicíssimo disse, sob aquele cruel acréscimo de corda: "V. Sa. não esteja a me dar mais tormentos, que a verdade que depus quero manter". Desamarrado e trazido de volta à sala de interrogatório, disse de novo: "Nada é verdade". De novo na tortura, onde de novo disse o que queriam; e tendo a dor consumido até o fim aquele pouco resquício de coragem, manteve sua declaração, dizendo-se pronto a ratificar sua confissão; nem mesmo queria que a lessem para ele. Mas a isso não consentiram: escrupulosos em observar uma formalidade já ineficaz, enquanto violavam as prescrições mais importantes e positivas. Ao lerem a confissão para ele, disse: "É a verdade, tudo".

Depois disso, perseverantes no método de não prosseguir com as investigações, de não

{177}

enfrentar as dificuldades, senão depois das torturas (algo que a própria lei havia proibido expressamente, algo que Diocleciano e Maximiano haviam querido impedir!),[20] pensaram finalmente em perguntar-lhe se ele não tinha outro objetivo senão lucrar com a venda de seu elixir. Ele respondeu: "Que eu saiba, quanto a mim, não tenho outro objetivo".

Que eu saiba! Quem, senão ele, poderia saber o que se passou em seu interior? No entanto, aquelas palavras tão estranhas eram adaptadas à circunstância: o desafortunado não teria sido capaz de encontrar outras que melhor significassem a que ponto, naquele momento, ele havia abdicado, por assim dizer, de si mesmo e concordado em afirmar, negar, saber apenas e tudo o que agradasse àqueles que controlavam a tortura.

---

20 No rescrito citado acima, na p.72. (N. A.). [Paginação ajustada para esta edição. (N. E.)]

Vão adiante e dizem-lhe: "Que há muito de inverossímil que, somente para dar ao comissário trabalho bastante, e ele, acusado, vender seu elixir, tenham procurado, ao sujar as portas, a destruição e a morte das pessoas; por isso, diga com que fim e por que motivo eles dois agiram assim, por um interesse tão pequeno".

É agora que brota essa inverossimilhança? Então, eles o haviam ameaçado e submetido à tortura várias vezes para fazê-lo ratificar uma confissão inverossímil! A observação estava correta, mas chegava tarde, diremos também aqui; já que o renovar das mesmas circunstâncias nos obriga quase a usar as mesmas palavras. Como não perceberam que havia inverossimilhança na declaração de Piazza, exceto quando prenderam Mora com base naquela declaração; agora eles não percebem que há inverossimilhança na confissão deste último a não ser depois de extorquir uma ratificação que, em suas mãos, se torna um meio suficiente para condená-lo.

Queremos supor que eles realmente não perceberam até este momento? Como explicaremos, então, como qualificaremos a validade de tal confissão depois de tal observação? Talvez Mora tenha dado uma resposta mais satisfatória do que a de Piazza? A resposta de Mora foi esta: "Se o comissário não sabe, eu também não sei; e é forçoso que ele saiba, e V. Sa. saberá dele, por ter sido ele o inventor". E se vê que esse despejar um sobre o outro a culpa principal não era tanto para diminuir cada um a sua própria, mas para evitar a obrigação de explicar coisas que não eram explicáveis.

E depois de tal resposta, intimaram-no dizendo que, "por ter ele, acusado, feito a mencionada composição e unguento de concerto com o comissário, e depois dado a ele para untar as paredes das casas, da forma e maneira como ele, acusado, e o comissário haviam deposto, com a finalidade de matar as pessoas, como o dito comissário confessou ter feito, esse acusado torna-se culpado de ter procurado dessa forma a morte das pessoas e que, por tê-lo feito assim, incorreu nas penalidades impostas pelas leis a quem procura e tenta fazê-lo".

Recapitulemos. Os juízes dizem a Mora: "Como é possível que tenham decidido cometer tal crime por um interesse desses?". Mora responde: "O comissário deve saber, por ele e por mim: perguntem a ele". Remete a outro para explicar um fato de sua mente, para que possam entender como um motivo foi suficiente para levá-lo a essa decisão. E a que outro? A alguém que não admitia tal motivo, pois atribuía o crime a uma causa completamente diferente. E os juízes consideram que a dificuldade está resolvida, que o crime confessado por Mora se tornou verossímil; tanto que o declaram culpado.

Não podia ser a ignorância que os fazia ver inverosimilhança em tal motivo; não era a jurisprudência que os levava em tanta conta as condições encontradas e impostas pela jurisprudência.

{181}

Capítulo 5

A IMPUNIDADE E A TORTURA haviam produzido duas histórias; e embora isso fosse suficiente para tais juízes proferirem duas condenações, veremos agora como eles trabalharam e conseguiram fundir as duas histórias em uma só, na medida do possível. Veremos, por último, como mostraram, através dos fatos, que estavam convencidos, eles próprios, disso também.

O Senado confirmou e estendeu a decisão de seus delegados. "Ouvido o que resultou da confissão de Giangiacomo Mora, examinado os acontecimentos anteriores, considerado tudo", exceto o fato de que, para um único crime, havia dois autores principais diferentes, duas causas diferentes, duas ordens de fatos diferentes, "ordenou que o mencionado Mora [...] fosse interrogado diligentissimamente, porém sem tortura, para que pudesse explicar melhor as coisas confessadas e revelar os outros autores, mandantes e cúmplices do crime; e que, depois do exame, ele fosse constituído réu, com a narrativa do fato, de ter preparado o unguento mortífero e dado a Guglielmo Piazza; e que lhe fosse concedido um prazo de três dias para apresentar sua defesa. Quanto a Piazza, foi interrogado se tinha algo a acrescentar à sua confissão, que estava incompleta; e, não tendo mais nada a dizer, foi considerado culpado de ter espalhado o referido unguento, e foi concedido o mesmo prazo para sua defesa." Ou seja: tentar cavar de um e de outro tudo aquilo que se puder: de todo modo, ambos deviam ser considerados culpados com base em suas confissões, embora sejam duas confissões contraditórias.

Eles começaram por Piazza, naquele mesmo dia. Não tinha mais nada a acrescentar e não sabia o que os outros haviam dito; e talvez, ao acusar um inocente, não tivesse previsto que criava um acusador. Perguntaram-lhe por que não tinha admitido que havia dado a baba dos empesteados ao barbeiro para preparar o unguento. "Não dei nada a ele", respondeu; como se aqueles que haviam acreditado na mentira devessem acreditar também na verdade. Depois de um vaivém de outras interrogações, eles o advertiram de que "por não ter dito a verdade inteira, como prometera, ele não pode nem deve gozar da impunidade que lhe havia sido prometida". Então ele disse imediatamente: "Senhores, é verdade que o dito barbeiro me pediu para levar-lhe aquela matéria, e eu a levei, para fazer o dito unguento". Esperava, ao admitir tudo, recuperar sua impunidade. Depois, seja para se tornar ainda mais merecedor ou para ganhar tempo, acrescentou que o dinheiro prometido pelo barbeiro devia vir de uma "pessoa graúda" e que ele tinha ouvido isso do próprio barbeiro, mas não conseguiu fazê-lo revelar quem era. Não tivera tempo para inventá-la.

Perguntaram a Mora, no dia seguinte, a mesma coisa; e provavelmente o coitado teria inventado ele próprio, como faria se tivesse sido submetido à tortura. Mas, como vimos, o Senado a havia excluído daquela vez, a fim de, como se vê, tornar menos flagrantemente extorquida a nova ratificação que queriam de sua confissão antecedente. Assim, "quando perguntado se ele, acusado, fora o primeiro a procurar o dito comissário... e lhe prometeu uma quantidade de dinheiro, respondeu: 'Senhor, não; e de onde quer V. Sa. que eu tire essa quantidade de dinheiro?'". Podiam, de fato, se lembrar de que, na minuciosa busca feita em sua casa quando o prenderam, o tesouro que encontraram era um *baslotto* (uma tigela) "com, dentro, cinco *parpagliole* (doze soldos e meio)". Perguntado sobre a "pessoa graúda", respondeu: "V. Sa. só quer a verdade, e a verdade eu disse quando fui torturado, e disse até mais".

Nos dois trechos, não se menciona que ele tenha ratificado a confissão antecedente; se, como é de se acreditar, o obrigaram a fazê-lo, aquelas palavras eram um protesto, cuja força talvez ele não conhecesse, mas eles deviam conhecer. E, do restante, de Bartolo, até das Glosas,[1] e até Farinacci, havia sido e ainda era uma doutrina comum, um axioma da jurisprudência, que "a confissão feita sob tortura, que tenha sido aplicada sem indícios legítimos, permanecia nula e inválida, mesmo que fosse,

---

1 No sentido de comentários aos textos antigos do Direito. (N. T.)

depois, ratificada mil vezes sem tortura: *etiam quod millies sponte sit ratificata*".[2]

Depois disso, a ele e a Piazza foi publicado, como então se dizia, o processo (ou seja, os atos foram comunicados a eles), com o prazo de dois dias para apresentarem suas defesas; não se sabe por que um dia a menos do que o Senado havia decretado. A um e a outro foi indicado um defensor oficial; o que foi designado para Mora se recusou. Verri atribui essa recusa, por conjectura, a uma razão que, infelizmente, não é estranha naquele contexto de coisas. "O furor", ele diz, "chegara ao ponto que se acreditava ser ação má e desonrosa defender essa desgraçada vítima." Mas no extrato impresso, que Verri não deve ter visto, a verdadeira razão está registrada, talvez não menos estranha, e, por um aspecto, ainda mais triste. No mesmo dia, 2 de julho, o notário Mauri, chamado para defender

---

2 Farinacci, Quæst. XXXVII, 110. (N. A.)

História da Coluna Infame

Mora, disse: "Eu não posso aceitar esse encargo, porque, primeiro, sou notário criminal, a quem não é permitido aceitar defesas, e, além disso, também porque não sou nem procurador nem advogado; vou falar com ele, para dar gosto a ele" (para agradá-lo), "mas não aceitarei a defesa". A um homem conduzido agora ao pé do suplício (e que suplício! E de que maneira!), a um homem destituído de apoios, como de luzes, e que só poderia contar com a ajuda deles, ou através deles, foi dado como defensor alguém que não apresentava as qualidades necessárias para tal encargo e tinha incompatibilidades! Procediam com tanta leviandade! Suponhamos que não houvesse má intenção. E cabia a um subalterno lembrá-los da observância das regras mais conhecidas e mais sacrossantas!

Quando voltou, disse: "Estive com Mora, que me contou livremente que não errou, e que o que disse, disse por causa da tortura; e porque eu lhe falei livremente que não queria nem

{189}

podia assumir esse encargo de defendê-lo, ele me disse que pelo menos o sr. presidente seja servido (se digne) a prover-lhe um defensor, e que não queira permitir que morra indefeso". Com esses favores e palavras, a inocência suplicava à injustiça! Então, de fato, lhe designaram outro defensor.

O designado para Piazza "compareceu e pediu oralmente que lhe mostrassem o processo de seu cliente; e obtendo-o, o lesse". Era essa a conveniência concedida às defesas? Nem sempre, pois o advogado de Padilla, que se tornou, como veremos em breve, a concretude da "pessoa graúda", lançada em abstrato e no ar, teve à sua disposição o próprio processo, tanto que pôde copiar aquela parte significativa que, por esse meio, chegou ao nosso conhecimento.

Ao final do prazo, os dois desventurados pediram uma prorrogação: "O Senado lhes concedeu todo o dia seguinte, e não mais: *et non ultra*". As defesas de Padilla foram apresentadas em três vezes: uma parte em 24 de julho de 1631, "que foi admitida sem prejuízo da possibilidade de apresentar mais tarde o restante"; a outra em 13 de abril de 1632; e a última em 10 de maio do mesmo ano. Naquela época, ele estava preso havia cerca de dois anos. Uma lentidão dolorosa, de fato, para um inocente; mas, comparada à precipitação usada com Piazza e Mora, para os quais apenas o suplício foi longo, tal lentidão é uma parcialidade monstruosa.

Aquela nova invenção de Piazza, no entanto, suspendeu o suplício por alguns dias, cheios de mentirosas esperanças, mas também de novas e cruéis torturas e de novas e funestas calúnias. O auditor da Saúde Pública foi encarregado de receber, em grande segredo e sem a presença de um notário, um novo depoimento dele; e dessa vez foi ele quem promoveu o encontro, por meio de seu defensor, dando a entender que tinha algo mais a revelar sobre a "pessoa graúda". Provavelmente, pensou que, se conseguisse atrair para aquela rede, tão fechada para a fuga, tão aberta para a entrada, um peixe grande; este, para escapar, faria uma tal brecha que poderiam escapar também os pequenos. E como, entre as muitas e variadas conjecturas que circulavam na boca das pessoas sobre os autores daquele desastroso atentado de 18 de maio (pois a violência do julgamento foi em grande parte devida à irritação, ao pavor e à persuasão produzidos por ele: e quanto os verdadeiros autores foram mais culpados do que eles próprios sabiam!), também se disse que eram oficiais espanhóis, assim o desafortunado inventor encontrou aqui algo a que se apegar. O fato de Padilla ser filho do comandante do castelo e ter assim um protetor natural que, para ajudá-lo, poderia perturbar o processo, provavelmente foi o que levou Piazza a nomeá-lo, em vez de outro: se é que não fosse o único oficial espanhol que ele conhecia, mesmo que apenas de nome. Depois do encontro, ele foi chamado a confirmar judicialmente seu novo depoimento. No anterior, ele havia dito que o barbeiro não queria nomear a "pessoa graúda". Agora estava afirmando o contrário; e para diminuir, de alguma forma, a contradição, disse que o barbeiro não lhe tinha mencionado de imediato. "Finalmente, me disse, depois de quatro ou cinco dias, que esse grande personagem era um tal de Padiglia, cujo nome não me lembro, embora ele tenha me dito; eu sei bem, e me lembro precisamente que ele disse ser filho do sr. castelão no castelo de Milão." Dinheiro, porém, não disse ter recebido do barbeiro, mas protestou não saber sequer se ele o recebera de Padilla.

Fizeram Piazza assinar esse depoimento, e de imediato o auditor da Saúde Pública foi enviado para comunicá-lo ao governador, como relatado no processo; e certamente perguntar-lhe-iam se ele consentiria, se necessário, entregar à autoridade civil Padilla, que era capitão de cavalaria e se encontrava então no exército, em Monferrato.

Depois que o auditor voltou, e depois que o depoimento de Piazza foi novamente confirmado, eles atacaram novamente o infeliz Mora. O qual, diante das instâncias para que dissesse que havia prometido dinheiro ao comissário e confidenciado que havia uma "pessoa graúda", e enfim, que dissesse o nome. Ele respondeu: "Nunca será encontrado, para sempre: se eu o soubesse, diria, por minha consciência". Foi realizado um novo confronto e perguntaram a Piazza se era verdade que Mora havia prometido dinheiro a ele, "declarando que tudo isso era feito por ordem e encargo de Padilla, filho do sr. castelão de Milão". O defensor de Padilla observou, com grande razão, que, "sob pretexto de confronto", eles fizeram que Mora soubesse "o que eles desejavam que ele dissesse". Na verdade, sem isso, ou outro meio semelhante, certamente não teriam conseguido fazer que Mora falasse a respeito desse personagem. A tortura poderia torná-lo mentiroso, mas não um adivinho.

História da Coluna Infame

Piazza sustentou o que havia dito. "E o que quer dizer isso?", exclamou Mora. "Sim, quero dizer, é a verdade", replicou o infeliz impudente, "e cheguei a esse mau objetivo por sua causa, e o senhor sabe muito bem que me disse isso na porta de seu negócio". Mora, que talvez esperasse conseguir, com a ajuda do defensor, esclarecer sua inocência, e agora previa que novas torturas lhe arrancariam uma nova confissão, nem mesmo teve forças para opor de novo a verdade à mentira. Só disse: "Paciência! Por seu amor, morrerei".

De fato, dispensando logo Piazza, intimaram Mora a dizer a verdade; e mal respondeu: "Senhores, eu disse a verdade", ameaçaram-no com a tortura: "o que sempre será feito sem prejuízo do que fora reunido, e confessado, e nada mais". Era uma fórmula comum; mas usá-la nesse caso mostrava até que ponto a ânsia de condenação os havia privado da capacidade de refletir. De que maneira a confissão de ter induzido Piazza ao crime com a promessa de dinheiro que ele obteria de Padilla poderia não prejudicar a confissão de ter sido induzido ao crime por Piazza, por causa da esperança de ganhar com o preservativo?

Submetido à tortura, confirmou imediatamente tudo o que o comissário tinha dito; mas, como isso não era suficiente para os juízes, disse que de fato Padilla lhe havia proposto fazer "um unguento para untar as portas e maçanetas", prometendo-lhe tanto dinheiro quanto quisesse, dando-lhe o quanto queria.

Nós, que não temos medo de unções, nem furores contra untadores, nem furiosos a satisfazer, vemos claramente, e sem dificuldade, como essa confissão foi obtida e de onde partiu. Mas, se for necessário, temos também a declaração de quem a fez. Entre muitas testemunhas que o defensor de Padilla conseguiu reunir, há uma de certo capitão Sebastiano Gorini, que, naquela época (por razões desconhecidas), estava nas mesmas prisões e conversava frequentemente com um criado do auditor da Saúde Pública, que havia sido designado para guardar aquele infeliz. Depõe assim: "Disse-me, o referido servidor, sendo logo depois de o dito barbeiro ter sido levado para interrogatório: 'V. Sa não sabe que o Barbeiro disse-me agorinha mesmo, que, no interrogatório, ele revelou (*pôs para fora*) o sr. dom Gioanni, filho do sr. castelão?'. E eu, ao ouvir isso, fiquei espantado e lhe disse: 'É verdade, isso?'. E esse criado me confirmou que era verdade, mas que também era verdade que ele protestava não se lembrar de ter falado com nenhum espanhol e que, se lhe tivessem mostrado o tal sr. dom Gioanni, nem mesmo o teria reconhecido. E acrescentando, o criado disse: 'Eu lhe disse, por que então ter falado tal coisa?'. E ele disse que tinha falado porque o escutara mencionado lá, e que, portanto, respondia a tudo o que ouvia, ou o que lhe vinha, assim, à boca". Isso foi favorável a Padilla (e que se agradeça ao céu); mas queremos acreditar que os juízes, que tinham posto, ou permitido pôr como guarda a Mora um criado daquele auditor tão ativo, tão investigador, não soubessem, senão muito tempo depois, e acidentalmente por um testemunho, essas palavras tão verossímeis, ditas sem esperança, um momento depois daquelas tão estranhas que a dor havia extorquido dele?

E por quê, entre tantas coisas do outro mundo, também pareceu estranha aos juízes aquela relação entre o barbeiro milanês e o cavaleiro espanhol? E então perguntaram quem estava envolvido; na primeira vez ele disse que era "um dos dele", feito e vestido assim e assado. Mas, pressionado para nomeá-lo, ele disse: "Dom Pietro di Saragozza". Este, pelo menos, era um personagem imaginário.

Foram depois feitas (após o suplício de Mora, é claro) as mais minuciosas e obstinadas pesquisas. Interrogaram soldados e oficiais, incluindo o próprio comandante do castelo, dom Francesco de Vargas, que sucedera ao pai de

Padilla: ninguém jamais ouvira aquele nome. No entanto, por fim, encontraram nas prisões do podestade um Pietro Verdeno, natural de Saragoça, acusado de furto. Esse homem, submetido a interrogatório, disse que naquela época estava em Nápoles; posto sob tortura, sustentou o que disse, e não se falou mais de dom Pietro di Saragozza.

Sempre pressionado por novas perguntas, Mora acrescentou que ele havia feito a proposta ao comissário, que também recebera dinheiro por aquilo, de "não sei quem". E, é claro, não sabia; mas os juízes queriam saber. O desgraçado, submetido à tortura mais uma vez, nomeou infelizmente uma pessoa real, um Giulio Sanguinetti, banqueiro: "O primeiro que veio à mente do homem que inventava por conta do sofrimento".[3]

---

3 *quorum capita... fingenti inter dolores gemitusque occurrere.* Liv. XXIV, 5. (N. A.) "Cujas cabeças... fingindo lembrar-se entre dores e gemidos." Em latim no original. (N. T.)

Piazza, que sempre dissera não ter recebido dinheiro, interrogado de novo, disse de imediato que sim. (O leitor se lembrará, talvez melhor do que os juízes, que, quando visitaram a casa dele, encontraram menos dinheiro do que no caso de Mora; na verdade, nenhum.) Disse, então, que recebera de um banqueiro; e, como os juízes não lhe mencionaram Sanguinetti, mencionou outro: Girolamo Turcone. Este e aquele, e vários de seus agentes, foram presos, interrogados, postos sob tortura; mas, permanecendo firmes em negar, foram finalmente libertados.

Em 21 de julho, foram comunicados a Piazza e Mora os atos posteriores à retomada do processo, e foi dado um novo prazo de dois dias para apresentarem suas defesas. Ambos escolheram um defensor dessa vez, provavelmente aconselhados por aqueles que haviam sido designados para defendê-los pelo tribunal. Em 23 do mesmo mês, Padilla foi preso; ou seja, como declarado em sua defesa, ele foi instruído pelo comissário geral de cavalaria a se entregar como prisioneiro no castelo de Pomate, por ordem de Spinola, e assim o fez. Seu pai, como também indicado em sua defesa, solicitou, por meio de seu tenente e de seu secretário, a suspensão da execução da sentença contra Piazza e Mora até que fossem confrontados com dom Giovanni. Foi-lhe respondido "que não se poderia suspender, porque o povo clamava" (aqui o *civium ardor prava jubentium*[4] é mencionado uma vez; a única ocasião em que poderia ser mencionado sem admitir uma vergonhosa e atroz deferência, já que se tratava da execução de um julgamento, não do próprio julgamento. Mas só então o povo estava começando a clamar? Ou só agora os juízes começavam a levar em conta seus gritos?), "mas que em qualquer

---

4 "Ardor imprudente dos cidadãos exigindo o mal." Em latim no original. (N. T.)

caso, o senhor dom Francesco não deveria se preocupar, pois pessoas infames como aqueles dois não poderiam prejudicar a reputação de dom Giovanni com o que dissessem". E o que cada um desses dois infames disse valeu contra o outro! E os juízes chamaram tantas vezes isso de verdade! E na própria sentença decretaram que, depois da notificação dela, ambos fossem torturados de novo a respeito do que se referia aos cúmplices! E suas deposições promoveram torturas, e portanto confissões, e portanto execuções; e, se não basta, mesmo execuções sem confissão!

"E assim", conclui a declaração do referido secretário, "voltamos ao senhor Castelão e lhe fizemos a relação do que havia acontecido; e ele não disse nada, mas ficou mortificado; mortificação tão grande que, poucos dias depois, ele morreu disso."

Aquela infernal sentença determinava que, postos em uma carroça, fossem conduzidos ao

História da Coluna Infame

local da execução; atormentados com ferro em brasa durante o trajeto; a mão direita cortada em frente ao negócio de Mora; quebrados seus ossos com a roda e nela, vivos, fossem dependurados; depois de seis horas, que fossem decapitados; queimados os cadáveres e as cinzas jogadas no rio; que fosse demolida a casa de Mora; no espaço onde ficava a casa, erguida uma Coluna que se chamasse Infame; sendo proibido perpetuamente de reconstruir naquele lugar. E se alguma coisa pudesse acrescentar ao horror, à indignação, à compaixão, seria ver aqueles infelizes, depois da notificação de tal sentença, confirmar, ou mesmo alargar suas confissões, graças à força das mesmas razões que as haviam extorquido deles. A esperança ainda não extinta de escapar da morte, e uma tal morte, a violência dos tormentos, que aquela monstruosa sentença faria quase chamar de leves, mas presentes e evitáveis, fizeram que eles repetissem as mentiras anteriores e nomeassem novas pessoas. Assim, com a impunidade, e com a tortura que era a deles, aqueles juízes conseguiam não apenas fazer que inocentes morressem de forma atroz, mas também, no que dependia deles, fazê-los morrer como culpados.

Nas defesas de Padilla, encontramos, e é um alívio, os protestos que fizeram de sua própria inocência e da inocência alheia, assim que ficaram de fato certos de que iriam morrer e que não precisavam mais se preocupar em responder. Aquele capitão citado anteriormente testemunhou que, ao estar próximo da capela onde se encontrava Piazza, ouviu-o "gritar e dizer que estava sendo morto injustamente e que fora assassinado sob promessa", e recusar o serviço de dois capuchinhos que vieram prepará-lo para morrer cristãmente. "E quanto a mim", acrescenta, "percebi que ele tinha esperança de que sua causa fosse retratada [...] e fui até o comissário, pensando em fazer um ato de caridade persuadindo-o a se preparar para bem morrer na graça de Deus; e, com efeito, posso dizer que fui bem-sucedido; pois os padres não tocaram no ponto que eu toquei, que foi que assegurei de nunca ter visto ou ouvido falar que o Senado se tivesse jamais retratado em causas semelhantes depois que ocorrera a condenação [...]. Finalmente, disse tanto que ele se aquietou [...] e depois de se aquietar, soltou alguns suspiros e então disse que havia acusado indevidamente muitos inocentes." Tanto ele como Mora fizeram que os religiosos que o assistiam redigissem uma retratação formal de todas as acusações que a esperança ou a dor lhes extorquira. Ambos, depois, passaram por aquele longo suplício, aquela série de suplícios variados, com uma força que, em homens vencidos tantas vezes pelo temor da morte e da dor; em homens que morriam vítimas não de alguma grande causa, mas de um acontecimento miserável, de um erro tolo, de fraudes fáceis e baixas; em homens que, se tornando infames, permaneciam obscuros e não tinham nada para opor à execração pública, exceto o sentimento de uma inocência comum, não acreditada e negada tantas vezes por eles próprios; em homens (dói pensar nisso, mas pode-se não pensar nisso?) que tinham uma família, mulher e filhos, é difícil de entender, caso não se soubesse que foi resignação: aquele dom que, na injustiça dos homens, faz ver a justiça de Deus e nas penas, quaisquer que sejam, a garantia, não apenas do perdão, mas da recompensa. Ambos não pararam de dizer, até o último momento, mesmo na roda, que aceitavam a morte como punição pelos pecados que realmente haviam cometido. Aceitar aquilo que não se pode recusar! Palavras que podem parecer sem sentido para aqueles que olham apenas para o efeito material das coisas; mas palavras de um sentido claro e profundo para quem considera, ou sem considerar compreende, que aquilo que pode ser

HISTÓRIA DA COLUNA INFAME

mais difícil e importante em uma deliberação, a persuasão da mente e o dobrar-se da vontade, é igualmente difícil, igualmente importante, quer o efeito dependa disso ou não; tanto no consentimento como na escolha.

Esses protestos poderiam assustar a consciência dos juízes; poderiam irritá-la. Infelizmente, conseguiram fazer que fossem negadas em parte, de uma maneira que teria sido a mais decisiva, se não fosse a mais ilusória; isto é, ao fazer que muitos dos que haviam sido tão inocentados com tanta autoridade por esses protestos acabassem se acusando a si mesmos. Vamos tocar em alguns desses outros processos, como já dissemos, apenas superficialmente, e apenas de alguns, para chegarmos ao do Padilla; ou seja, àquele que, devido à importância do crime, é o principal e, pela forma e pelo resultado, é pedra de toque de todos os outros.

{207}

Capítulo 6

OS DOIS AMOLADORES, DESGRAÇADAMENTE citados por Piazza e depois por Mora, foram presos em 27 de junho; mas nunca foram confrontados, nem com um nem com o outro, nem sequer interrogados, antes da execução da sentença, que foi em 1º de agosto. Dia 11, foi interrogado o pai; no dia seguinte, posto sob tortura, com o pretexto habitual de contradições e inverossimilhanças, confessou, ou seja, inventou uma história, alterando, como fez Piazza, um fato verdadeiro. Ambos fizeram como aquelas aranhas que prendem suas teias a algo sólido e depois trabalham no ar. Encontraram uma garrafa de um sonífero dada, ou melhor, feito por seu amigo Baruello em sua casa; ele disse que era um "unguento para fazer as pessoas morrerem"; um extrato de sapos e serpentes "com certos pós que eu não sei que pós sejam". Além de Baruello, ele nomeou como cúmplice outra pessoa de conhecimento comum, e Padilla como chefe. Os juízes queriam relacionar essa história à daqueles dois que tinham assassinado e, para isso, fazê-los dizer que tinha recebido deles "unguento e dinheiro". Se simplesmente negasse, seria torturado; mas ele antecipou com esta singular resposta: "Não, senhor, não é verdade; mas se me torturar porque eu nego esse detalhe, serei forçado a dizer que é verdade, embora não seja". Eles não podiam mais, sem zombar descaradamente da justiça e da humanidade, empregar como experimento um meio sobre o qual foram assim solenemente avisados de que o efeito seria certo.

Ele foi condenado ao mesmo suplício; depois da proclamação da sentença, foi torturado, acusou um novo banqueiro, e outros; na capela e no cadafalso, retirou tudo.

Se desse desgraçado, Piazza e Mora tivessem dito apenas que ele era um malandro, vários fatos que surgem no processo mostrariam que eles não o teriam caluniado. No entanto, caluniaram até mesmo nisso o filho dele, Gaspare; sobre quem é relatada uma falta, mas relatada por ele próprio, e em tal momento, e com tal sentimento, que resulta como uma prova da inocência e retidão de toda a sua vida. Nos tormentos, diante da morte, suas palavras foram todas melhores do que as de um homem forte; foram as de um mártir. Não podendo torná-lo um caluniador de si mesmo nem dos outros, eles o condenaram (não se vê com que pretextos) como culpado; e depois da proclamação da sentença, eles o interrogaram, como de costume, se tinha outros delitos e quem eram seus companheiros naquilo pelo qual ele havia sido condenado. À primeira pergunta, respondeu: "Eu não cometi esse nem outros crimes; e morro porque uma vez dei um soco no olho de alguém, movido pela raiva". À segunda: "Não tenho companheiros nenhuns, porque eu estava ocupado cuidando de minhas coisas; e como não fiz, não tinha companheiros". Ameaçado com tortura, disse: "V. Sa. faça o que quiser, que eu nunca direi o que não fiz, nem jamais condenarei minha alma; é muito melhor que eu sofra três ou quatro horas de tortura do que vá para o inferno para sofrer eternamente". Posto sob tortura, ele exclamou no primeiro momento: "Ah, Senhor! Não fiz nada: estou sendo assassinado". Depois acrescentou: "Esses tormentos terminarão logo; e no mundo além, ficamos para sempre". Foram acrescidas as torturas, de grau em grau, até o último, e com os tormentos, as insistências para dizer a verdade. Sempre respondeu: "Eu já disse; quero salvar minha alma. Digo que não quero agravar minha consciência: não fiz nada".

Aqui não se pode deixar de pensar que, se os mesmos sentimentos tivessem dado a Piazza a mesma constância, o pobre Mora teria permanecido tranquilo em sua barbearia, em meio à sua família; e, como ele, aquele jovem ainda mais admirável do que digno de compaixão, e tantos outros inocentes, nem mesmo poderiam imaginar a que sorte horrível estavam escapando. Ele mesmo, quem sabe? Certamente, para condená-lo, não confesso, e a partir daqueles únicos indícios, e mesmo, não havendo outras confissões, o próprio crime sendo apenas uma conjectura, era necessário violar mais abertamente, com mais audácia, todos os princípios de justiça, todas as prescrições da lei. De todo modo, eles não poderiam condená-lo a um suplício mais monstruoso; pelo menos, não podiam fazê-lo sofrer na companhia de alguém a quem olhasse dizendo sempre a si mesmo: fui eu quem o trouxe aqui. A causa de tantos horrores foi a fraqueza... que digo? a ferocidade, a perfídia daqueles que, considerando como uma calamidade, como uma derrota, o fato de não encontrar culpados, tentaram aquela fraqueza com uma promessa ilegal e fraudulenta.

Citamos anteriormente o ato solene pelo qual uma promessa semelhante foi feita a Baruello, e também mencionamos que queremos mostrar a divergência de cômputo que os juízes faziam dela. Sobretudo por isso, relataremos aqui de forma sucinta a história desse pobre infeliz. Acusado sem fundamentos, como vimos, primeiro por Piazza, de ser companheiro de Mora, e depois por Mora de ser companheiro de Piazza; depois por ambos de ter recebido dinheiro para espalhar o unguento fabricado por Mora com certas porcarias e coisas piores (e antes haviam protestado que não sabiam disso); depois por Migliavacca, de ter fabricado ele próprio um unguento, com outras coisas piores do que porcarias; declarado culpado de todas essas coisas, como se fosse uma só, negou e bravamente resistiu aos tormentos. Enquanto sua causa estava pendente, um padre (que foi outra das testemunhas citadas por Padilla), rogado por um parente desse Baruello, o recomendou a um fiscal do Senado; que mais tarde veio dizer a ele que seu recomendado fora condenado à morte, com todos aqueles acréscimos de carnificinas adicionais; mas ao mesmo tempo, que "o Senado se contentava em obter-lhe impunidade através de S. Exa.". E encarregou o padre que fosse vê-lo e tentasse persuadi-lo a dizer a verdade: "já que o Senado quer saber o fundamento desse negócio e pensa que poderá saber por ele". Depois de já tê-lo condenado! E depois de todas aquelas execuções!

Baruello, ouvindo a cruel notícia, e a proposta, disse: "Farão comigo o que fizeram com o comissário?". Quando o padre lhe disse que a promessa lhe parecia sincera, ele começou uma história: que um tal (que estava morto) o conduzira ao barbeiro; e este, levantando um pano de cortina do cômodo que escondia uma porta, o introduziu em uma grande sala onde havia muitas pessoas sentadas, dentre as quais Padilla. Para o padre, que não tinha o compromisso de encontrar culpados, essas coisas pareceram estranhas; então o interrompeu, advertindo-o de ter cuidado para não perder corpo e alma juntos; e se foi. Baruello aceitou a impunidade, corrigiu sua história e, no dia 11 de setembro, apareceu diante dos juízes, contando a eles que um mestre de esgrima (vivo, infelizmente) lhe dissera que havia uma boa oportunidade de enriquecer, prestando um serviço a Padilla; e o levara para a praça do castelo, onde o próprio Padilla chegou com outros, e logo o convidou a ser um daqueles que untavam sob suas ordens, para vingar os insultos feitos a dom Gonzalo de Córdova em sua partida de Milão; e lhe dera dinheiro e um frasco daquele unguento mortal. Dizer que

HISTÓRIA DA COLUNA INFAME

nesta história, da qual aqui acenamos apenas com o início, havia coisas inverossímeis, não seria falar apropriadamente; era tudo um monte de extravagâncias, como o leitor pode ter visto apenas neste pequeno ensaio. No entanto, foram encontradas inverossimilhanças até mesmo pelos juízes e, além disso, contradições: por isso, depois de várias perguntas seguidas de respostas que embrulhavam ainda mais a coisa, disseram a ele "que se explique melhor, para que se possa obter alguma coisa certa do que diz". Então, seja como uma estratégia para sair do impasse de qualquer forma, seja por um verdadeiro acesso de frenesi, e havia várias razões para isso, ele começou a tremer, contorcer-se, gritar: socorro!, rolar pelo chão, querendo se esconder debaixo de uma mesa. Ele foi exorcizado, acalmado e estimulado a falar; e começou outra história, na qual incluiu feiticeiros, círculos e palavras mágicas e o diabo, que ele havia reconhecido como seu mestre. Para nós, basta observar que eram coisas novas; e que, entre outras coisas, ele retirou o que havia dito sobre vingar o ultraje a dom Gonzalo, e afirmou em vez disso que o objetivo de Padilla era se tornar o senhor de Milão; e ele lhe prometia elevá-lo a um dos mais importantes cargos. Depois de vários interrogatórios, foi concluído o exame, se é que merece esse nome; e depois disso, ele passou por mais três; nos quais, sendo dito que tal afirmação não era verossímil, que tal outra não era crível, ele respondeu que, de fato, na primeira vez não havia dito a verdade ou deu uma explicação qualquer; e que, pelo menos por cinco vezes, tendo-lhe sido jogada na cara a deposição de Migliavacca, na qual ele era acusado de ter dado unguento para espalhar a outras tantas pessoas, das quais, em seu depoimento, ele não tinha falado, sempre respondeu que não era verdade; e sempre os juízes passavam a outra coisa. O leitor que se lembra de como, na primeira inverossimilhança que acharam conveniente encontrar na deposição de Piazza, o ameaçaram de retirar-lhe a impunidade; de como, no primeiro acréscimo que fez àquela deposição, ao primeiro fato alegado por Mora contra ele e negado por ele, retiraram-lhe de fato, "por não ter dito a verdade inteira, como havia prometido"; verá ainda mais, se necessário, o quanto lhes serviu terem preferido fazer um conluio com o governador do que lhe pedir uma autorização, ter feito uma promessa verbalmente em palavras vãs ao Piazza, que deveria tornar-se as primícias do sacrifício oferecido à fúria popular e à deles.

Queremos acaso dizer que teria sido justo manter aquela impunidade? Deus nos livre! Seria como dizer que ele havia declarado um fato verdadeiro. Queremos apenas dizer que foi violentamente retirada, como fora ilegalmente prometida; e que esse foi o meio para tanto. De resto, só podemos repetir que não podiam fazer nada de justo no caminho que haviam escolhido, a não ser voltar atrás, enquanto ainda era tempo. Não tinham o direito de vender aquela impunidade (deixando de lado a falta de poderes) a Piazza, como o ladrão não tem o direito de tirar a vida do viandante: tem o dever de deixá-la. Era um injusto suplemento a uma injusta tortura: ambas desejadas, pensadas, estudadas pelos juízes, em vez de fazer o que era prescrito, não digo pela razão, pela justiça, pela caridade, mas pela lei: verificar o fato, fazendo que as duas acusadoras o explicassem, se era uma acusação ou, antes, uma conjectura; deixando o acusado explicar, se é que se podia chamá-lo de acusado; confrontando-o com elas.

O resultado da impunidade prometida a Baruello não pôde ser visto, porque ele morreu de peste em 18 de setembro, um dia depois de um confronto impudentemente sustentado com o mestre de esgrima, Carlo Vedano. Mas quando sentiu sua morte se aproximar, disse a um prisioneiro que o assistia, e que foi outra das testemunhas convocadas por Padilla: "Faça-me

História da Coluna Infame

a cortesia de dizer ao sr. Podestade que todos os que eu acusei foram injustamente acusados; e não é verdade que eu tenha recebido dinheiro do filho do sr. castelão... eu estou prestes a morrer dessa doença: peço aos que acusei injustamente que me perdoem; e por favor, diga isso ao sr. Podestade, se eu tenho de ser salvo. E eu, de imediato", acrescenta a testemunha, "fui referir ao sr. Podestade o que Baruello me havia dito".

Essa retratação podia valer para Padilla; mas Vedano, que até então só havia sido mencionado por Baruello, foi atrozmente torturado naquele mesmo dia. Soube resistir e foi deixado em paz (na prisão, está claro) até meados de janeiro do ano seguinte. Era, entre aqueles infelizes, o único que realmente conhecia Padilla, pois havia duelado com ele duas vezes no castelo; e vê-se que essa circunstância foi a que sugeriu a Baruello dar-lhe uma parte em sua fábula. No entanto, ele não o acusou de ter composto, espalhado ou distribuído unguentos mortíferos; apenas de ter sido intermediário entre ele e Padilla. Portanto, os juízes não podiam condenar esse acusado como culpado sem prejudicar a causa daquele senhor; e isso foi provavelmente o que o salvou. Não foi interrogado de novo, exceto depois do primeiro interrogatório de Padilla; e a absolvição deste último trouxe a sua.

Padilla, do castelo de Pizzighettone, para onde fora transferido, foi conduzido a Milão em 10 de janeiro de 1631 e enfiado nas prisões do capitão de justiça. Foi interrogado no mesmo dia; e se fosse necessária uma prova factual para ter certeza de que até esses juízes podiam interrogar sem fraudes, sem mentiras, sem violência, não encontrar inverossimilhanças onde não existiam, contentar-se com respostas razoáveis, admitir, mesmo em um caso de unções venenosas, que um acusado poderia dizer a verdade mesmo dizendo não, isso seria evidente a partir desse interrogatório e dos outros dois que foram feitos a Padilla.

Os únicos que haviam afirmado ter se encontrado com ele, Mora e Baruello, também tinham indicado as datas; o primeiro de forma aproximada, o segundo mais precisamente. Perguntaram então os juízes a Padilla quando fora ao campo: ele indicou o dia; de onde ele partiu para lá: de Milão; se ele havia alguma vez voltado a Milão durante esse intervalo: apenas uma vez, e ficara lá apenas um dia, que ele especificou igualmente. Isso não coincidia com nenhuma das épocas inventadas pelos dois desgraçados. Então, disseram-lhe, sem ameaças, com boas maneiras, "que buscasse na memória" se não estivera em Milão em tal período, em tal outro: ele respondeu todas as vezes que não, voltando sempre à sua primeira resposta. Eles chegaram às pessoas e aos lugares. Se ele havia conhecido um Fontana, bombardeiro: era o sogro de Vedano, e Baruello o mencionara como uma das pessoas presentes no primeiro encontro. Respondeu que sim. Se ele conhecia Vedano: disse igualmente que sim. Se sabia onde ficava Vetra de' Cittadini e a taverna dos seis ladrões: foi ali que Mora dissera que Padilla havia ido, acompanhado por dom Pietro di Saragozza, para lhe fazer a proposta de envenenar Milão. Ele respondeu que não conhecia nem a rua nem a taverna, nem mesmo de nome. Perguntaram a ele sobre dom Pietro di Saragozza: não só ele não o conhecia, mas era impossível que o conhecesse. Perguntaram-lhe sobre certos dois indivíduos vestidos à francesa; sobre outro vestido de padre: pessoas que Baruello havia dito terem vindo com Padilla ao encontro na praça do castelo. Não sabia de quem estavam falando.

No segundo interrogatório, que foi o último de janeiro, eles perguntaram sobre Mora, Migliavacca, Baruello, dos encontros que ele poderia ter tido com eles, dinheiro dado, promessas feitas; mas ainda sem falar sobre a trama a que tudo isso se referia. Respondeu que nunca teve nada a ver com eles, que nem os ouviu serem mencionados; reafirmou que não estava em Milão naqueles diferentes momentos.

Depois de mais de três meses, consumidos em investigações das quais, como deveria ser, não se obteve o menor indício, o Senado decretou que Padilla fosse constituído como réu pela narrativa dos fatos, tendo o processo sido publicado e concedido um prazo para sua defesa. Para a execução dessa ordem, foi chamado a um novo e último interrogatório, em 22 de maio. Depois de várias perguntas expressas sobre todos os itens das acusações, às quais ele sempre respondeu com um "não" e, na maioria das vezes, de forma seca, eles chegaram à narrativa dos fatos, ou seja, apresentaram-lhe aquela absurda história, ou melhor, aquelas duas histórias. A primeira era que ele, o acusado, teria dito ao barbeiro Mora, "perto da taverna dos seis ladrões, que fizesse um unguento e que fosse *bordegare* (lambuzar)"; e que, em recompensa, ele lhe dera muitos dobrões; e dom Pietro di Saragozza, por ordem dele, teria então enviado o barbeiro para cobrar mais dinheiro de certos banqueiros. Mas esta é razoável em comparação com a outra: "que o dito sr. acusado" teria mandado chamar Stefano Baruello na praça do castelo, dizendo: "Bom dia, sr. Baruello; há muito tempo desejava falar com o senhor"; e, depois de algumas outras cortesias, teria dado a ele 25 ducados venezianos e um vaso de unguento, dizendo que era daquele que se fazia em Milão, mas que não estava perfeito, e era necessário "adicionar *ghezzi et zatti* (lagartos e sapos) e vinho branco", e pôr tudo em uma panela, "e fazê-la ferver *a concio a concio* (devagarinho, devagarinho) de maneira a que esses animais pudessem morrer raivosos". Que um padre, "que foi mencionado como francês pelo dito Baruello", e viera na companhia do acusado, teria feito aparecer "uma forma de homem, em roupa de Pantalone",[1] e Baruello o fez reconhecer como seu senhor; e, depois que ele desapareceu, Baruello teria perguntado ao acusado quem era aquele, e ele teria respondido que era o diabo; e que, em outra ocasião, o acusado teria dado mais dinheiro a Baruello e prometido torná-lo tenente de sua companhia, se ele o servisse bem.

Nesse ponto, Verri (tanto um projeto sistemático pode fazer com que até as mentes mais nobres percam a visão, mesmo depois de terem visto) conclui assim: "Tal é a série dos fatos relatados contra o filho do castelão, a qual, embora negada por todas as outras pessoas interrogadas (exceto os três desgraçados Mora, Piazza e Baruello, que sacrificaram toda a verdade à

---

1 Pantalone é um personagem fixo da *commedia dell'arte*, velho, rico, avarento. Vestia capa negra e roupas vermelhas. (N. T.)

violência da tortura), serviu como base para um vergonhosíssimo[2] crime". Ora, o leitor sabe, e Verri mesmo relata que, desses três, dois foram levados a mentir pelas ilusões de impunidade, não pela violência da tortura.

Ouvindo essa indigníssima invencionice, Padilla disse: "De todos esses homens que V. Sa. mencionou, só conheço Fontana e Tegnone (era um apelido de Vedano); e tudo o que V. Sa. disse que se lê no processo através da boca deles é a maior falsidade e mentira que jamais existiu no mundo; e não é para se acreditar que um cavalheiro como eu tenha planejado ou sequer pensado em uma ação tão infame como essa; e rogo a Deus e sua Santa Mãe, se essas coisas forem verdadeiras, que me ceguem agora; e espero em Deus que demonstrarei a falsidade desses homens e que tudo ficará claro para o mundo".

---

2 *Osservazioni sulla* tortura, § V, in fine. (N. A.)

Replicaram-lhe, por formalidade e sem insistência, que se decidisse a dizer a verdade; e o intimaram com o decreto do Senado que o constituía réu por ter fabricado e distribuído unguento venenoso, e assalariado cúmplices. "Eu me espanto muito", respondeu ele, "que o Senado tenha chegado a uma resolução tão grave, quando se vê e se sabe que essa é uma pura impostura e falsidade, feita não só contra mim, mas também contra a própria Justiça. Como! Um homem de minha posição, que dediquei minha vida ao serviço de Sua Majestade, à defesa deste Estado, nascido de homens que fizeram o mesmo, eu tivesse de fazer, ou de pensar, algo que trouxesse tanta mácula e infâmia sobre eles e sobre mim? E torno a dizer que isso é falso, e é a maior impostura que jamais foi feita a um homem".

Dá prazer ouvir a inocência indignada falar uma tal linguagem; mas causa horror lembrar que a inocência, diante daqueles mesmos homens, aterrorizada, confusa, desesperada, mentirosa, caluniadora; a inocência destemida, constante, verídica, e mesmo assim condenada.

Padilla foi absolvido, não se sabe exatamente quando, mas seguramente mais de um ano depois, já que suas últimas defesas foram apresentadas em maio de 1632. E, com certeza, sua absolvição não foi uma graça; os juízes perceberam que, com isso, eles próprios estariam declarando todas as suas condenações injustas. Pois não acredito que tenha havido outras condenações depois dessa absolvição. Reconhecendo que Padilla não havia dado dinheiro de modo algum para pagar as supostas unções, eles se lembraram dos homens que haviam sido condenados por receber dinheiro dele, por esse motivo? Lembraram-se de ter dito a Mora que "tal motivo era mais do que verossímil... que não era para ter a oportunidade de vender, ele, acusado, seu elixir, e o comissário de ter oportunidade de mais trabalho?". Lembraram-se de que,

HISTÓRIA DA COLUNA INFAME

no interrogatório seguinte, quando ele continuou a negá-lo, disseram "que aquilo, no entanto, era a verdade"? Que, ao negá-la mais uma vez, durante o confronto com Piazza, eles o tinham posto sob tortura para que confessasse, e sob uma outra tortura, para que a confissão extorquida na primeira se tornasse válida? Que, a partir de então, todo o processo se baseou nessa suposição? Que fora expressa, subentendida em todas as interrogações, confirmada em todas as respostas, como a causa finalmente descoberta e reconhecida, como a verdadeira e única causa do crime de Piazza, de Mora e, em seguida, dos outros condenados? Que o edital publicado, poucos dias depois da execução desses dois primeiros, pelo grande chanceler, com o parecer do Senado, os dizia "tão ímpios a ponto de trair por dinheiro sua própria pátria?". E vendo finalmente essa causa se dissipar (já que no processo nunca se mencionou outro dinheiro além do de Padilla), pensaram que, do crime, não res-

{231}

tavam outros argumentos além das confissões, obtidas da maneira que sabiam, e negadas entre os sacramentos e a morte? Confissões, primeiro em contradição entre si, e agora descobertas em contradição com os fatos? Absolvendo, em suma, o chefe como inocente, reconheceram que tinham condenado inocentes como cúmplices?

Foi muito diferente, pelo menos no que apareceu para o público: o monumento e a sentença mantiveram-se; os pais de família que a sentença havia condenado permaneceram infames; os filhos, tão atrozmente transformados em órfãos, permaneceram legalmente deserdados. E quanto ao que passou no coração dos juízes, quem pode saber contra quais novos argumentos um engano voluntário é capaz de resistir, já enraizado, e já perseverante pela evidência? E digo, um engano que se tornou mais caro e precioso do que nunca; pois, se antes reconhecê-los como inocentes era para aqueles juízes perder a

HISTÓRIA DA COLUNA INFAME

oportunidade de condenar, agora teria sido de se encontrar terrivelmente culpados; e as fraudes, violações da lei que sabiam ter cometido, mas queriam acreditar justificadas pela descoberta de tais malfeitores tão ímpios e funestos, não apenas reapareceriam em seu aspecto nu e vil de fraudes e violações da lei, mas surgiriam como responsáveis por um terrível assassinato. Um engano, finalmente, mantido e fortalecido por uma autoridade sempre poderosa, embora muitas vezes falaciosa, e, naquele caso, estranhamente ilusória, pois em grande parte se baseava apenas na autoridade dos próprios juízes: quero dizer, a autoridade do público que os proclamava sábios, zelosos, fortes, vingadores e defensores da pátria.

A Coluna Infame foi derrubada em 1778; em 1803, uma casa foi construída no espaço onde ela estava; e, nessa ocasião, a passagem elevada também foi demolida, de onde Caterina Rosa,

{233}

A deusa infernal que estava de sentinela,[3]

entoou o grito da carnificina: desse modo, não há mais nada que lembre nem o efeito assustador nem a causa miserável. Na saída da Via della Vetra para o Corso di Porta Ticinese, a casa que está na esquina, à esquerda de quem olha do Corso, ocupa o espaço onde estava a do pobre Mora.

Vejamos agora, se o leitor tiver a gentileza de nos acompanhar nesta última busca, de que maneira um julgamento temerário daquela mulher, depois de ter influenciado tanto os tribunais, graças a eles reinou também nos livros.

---

3 Caro, trad. da *Eneida*, lib. VII. (N. A.)

Capítulo 7

DENTRE OS MUITOS ESCRITORES contemporâneos ao acontecimento, escolhemos apenas aquele que não é obscuro e que não tenha falado dele de acordo com a crença comum, Giuseppe Ripamonti, já tantas vezes citado. E parece-nos que possa ser um exemplo curioso da tirania que uma opinião dominante muitas vezes exerce sobre as palavras daqueles que ela não conseguiu sujeitar a mente. Ele não apenas não nega explicitamente a culpa daqueles infelizes (nem, antes de Verri, houve alguém que o fizesse em um escrito destinado ao público); como inclusive mais de uma vez parece querer afirmá-la expressamente; ao falar sobre o primeiro interrogatório de Piazza, ele chama sua atitude de "malícia" e a dos juízes de "sagacidade"; diz que, "com muitas contradições, evidenciava o crime no exato momento em que estava tentando negá-lo"; sobre Mora, ele igualmente diz que, "enquanto pôde resistir à tortura, negava, como todos os réus costumam fazer, e finalmente contou a história como ela era: *exposuit omnia cum fide*.[1] E, ao mesmo tempo, tenta sugerir o contrário, insinuando timidamente e de passagem algumas dúvidas sobre as circunstâncias mais importantes; direcionando, com uma palavra, a reflexão do leitor ao ponto certo; pondo na boca de algum acusado palavras mais aptas a demonstrar sua inocência do que aquelas que tinha sabido encontrar ele próprio; finalmente, mostrando enfim aquela compaixão

---

1 "Expôs tudo com sinceridade." Em latim no original. (N. T.)

que só se sente pelos inocentes. Ao falar sobre o caldeirão encontrado na casa de Mora, ele diz: "principalmente causou grande impressão uma coisa talvez inocente e acidental, aliás nojenta, que poderia parecer algo daquilo que se buscava". Falando sobre o primeiro confronto, diz que Mora "implorava a justiça de Deus contra uma fraude, contra uma invenção maligna, contra uma cilada em que poderia cair qualquer inocente". Chama-o de "desventurado pai de família, que, sem saber, carregava sobre aquela cabeça infeliz sua própria infâmia e ruína e a dos seus". Todas as reflexões que expusemos há pouco, e outras que possam ser feitas, sobre a contradição manifesta entre a absolvição de Padilla e a condenação dos outros, Ripamonti faz um aceno com uma única palavra: "No entanto, os untadores foram punidos: *unctores puniti tamen*". Quanto não revela esse advérbio, ou conjunção que seja! E acrescenta: "A cidade teria ficado horrorizada com aquela monstruosidade de suplícios, se tudo não tivesse parecido menor do que o crime".

Mas o ponto em que deixa claro seu sentimento é quando protesta por não querer dizê-lo. Depois de ter contado vários casos de pessoas caídas em suspeição de serem untadores, sem que processos tenham se seguido, "encontro-me", diz ele, "em um passo difícil e perigoso, tendo que declarar se, além daqueles assim erroneamente tomados por untadores, eu acredito que tenham realmente existido untadores [...]. A dificuldade não surge da incerteza da coisa, mas de não me ter sido concedida a liberdade de fazer o que todo escritor pretende, ou seja, expressar seus verdadeiros sentimentos. Pois se eu dissesse que não existiram untadores, que sem razão se imagina a malícia dos homens naquilo que foi um castigo de Deus, logo se gritaria que a história é ímpia, que o autor não respeita um julgamento solene. Tanto a opinião contrária está enraizada nas mentes, que

História da Coluna Infame

a plebe, sendo crédula como de costume, e a nobreza, sendo orgulhosa, estão prontas para defendê-la, como algo que possam ter de mais caro e de mais sagrado. Entrar em guerra com tantos seria uma empreitada dura e inútil; e, por isso, sem negar, nem afirmar, nem pender mais para um lado do que para o outro, vou me restringir a relatar as opiniões alheias".[2] Aqueles que perguntam se não teria sido mais razoável, assim como mais fácil, não falar sobre o assunto, saibam que Ripamonti era o historiógrafo da cidade; ou seja, um daqueles homens a quem, em certos casos, pode ser comandado, e proibido de escrever a história.

Outro historiógrafo, porém em um campo mais vasto, Batista Nani, veneziano, que nesse caso não poderia ser levado por qualquer consideração a dizer falsidades, foi levado à crença pela autoridade de uma inscrição e de

———
2 P.107-8. (N. A.)

um monumento. "Embora, de fato", diz ele, "a imaginação das pessoas, alterada pelo pavor, concebesse muitas coisas, de qualquer forma o crime foi descoberto e punido, existindo ainda em Milão as inscrições e as memórias dos edifícios derrubados, onde aqueles monstros se congregavam."[3] Aqueles que, não conhecendo mais nada sobre esse escritor, tomassem esse raciocínio como medida de seu julgamento, iriam se enganar muito. Em várias embaixadas importantes e em várias funções domésticas, ele teve a oportunidade de conhecer os homens e as coisas; e sua história prova que ele foi bem-sucedido de maneira nada banal. No entanto, os julgamentos criminais e a gente pobre, quando é pouca, não são vistos propriamente como matéria da história; então, não é de se espantar que, ocorrendo a Nani de falar incidentalmente

---

3 Nani, *Historia veneta*; parte I, lib. VIII, Venezia, Lovisa, 1720, p.473. (N. A.)

sobre esse assunto, ele não tenha se debruça-
do tanto sobre os detalhes. Se alguém tivesse
mencionado outra coluna e outra inscrição de
Milão como prova de uma derrota sofrida pelos venezianos (derrota tão verdadeira quanto
o crime daqueles monstros), certamente Nani
teria rido.

Causa mais espanto e mais desprazer encontrar o mesmo argumento e os mesmos im-
propérios em um escrito de um homem muito
mais célebre, e com grande razão. Muratori,
no *Tratado do governo da peste*, depois de mencionar várias histórias desse tipo, diz: "Mas
nenhum caso é mais famoso do que o de Milão
quando, no contágio de 1630, várias pessoas
foram presas, que confessaram um crime tão
enorme e foram severamente punidas. Existe,
no entanto, (e eu também a vi) essa funesta memória na Coluna Infame colocada onde estava
a casa daqueles inumanos carrascos. Portanto,
é preciso grande atenção para que cenas exe-

cráveis como essas não se repitam". O que não elimina o desprazer, mas o modifica, é ver que a convicção de Muratori não era tão resoluta como essas suas palavras. Já que, discorrendo depois (e é visível que isso é o que o preocupa de verdade) a respeito dos males horríveis que podem surgir ao se imaginar e acreditar em tais coisas sem fundamentos, diz: "Chega-se a prender pessoas e, por meio de torturas, arrancar de sua boca a confissão de delitos que talvez nunca tenham cometido, fazendo depois deles um miserável massacre nos patíbulos públicos". Não parece que ele queira aludir aos nossos desgraçados? O que mais o faz pensar assim é que ele imediatamente segue com aquelas palavras que já citamos no escrito antecedente e que, por serem breves, transcrevemos de novo aqui: "Encontrei pessoas sábias em Milão, que tinham boas narrações de seus avós, e que não estavam muito convencidas de que aquelas unções venenosas fossem verdadeiras, as quais se

HISTÓRIA DA COLUNA INFAME

disse que foram espalhadas pela cidade, e causaram tanto tumulto na peste de 1630".[4] Digo que não se pode evitar a suspeita de que Muratori antes considerasse tolas fábulas as que ele chama de "execráveis cenas", e (o que é mais grave) inocentes assassinados aqueles que chama de "carrascos inumanos". Seria um daqueles casos tristes e não raros em que homens que estão longe de serem inclinados a mentir, ao tentar enfraquecer a força de algum erro pernicioso, e temendo fazer pior ao combatê-lo frontalmente, acham melhor dizer primeiro uma mentira para poder depois insinuar a verdade.

Depois de Muratori, encontramos um escritor mais renomado do que ele como historiador, e (o que, em um assunto deste tipo, parece tornar seu julgamento mais digno de observação do que qualquer outro) historiador jurista e, como ele diz de si mesmo, "mais jurisconsulto

---

4 Lib. I, cap.X. (N. A.)

{243}

do que político",[5] Pietro Giannone. Porém, não relataremos esse julgamento, porque há pouco a relatar: é o julgamento de Nani que o leitor viu há pouco, e que Giannone copiou, palavra por palavra, citando dessa vez o autor ao pé da página.[6]

Digo: dessa vez; porque copiar o que fez sem citá-lo é coisa digna de ser notada, se, como acredito, ainda não o foi.[7] O relato, por exemplo, da revolta da Catalunha e da revolução de

---

5 *Istoria civile*, etc. Introduzione. (N. A.)

6 *Istoria civile*, lib. XXXVI, cap.2. (N. A.)

7 Fabroni (Vitæ Italorum, etc., Peter Jannonius) menciona como escritores dos quais Giannone "tomou passagens inteiras, em vez de recorrer aos documentos originais, e sem confessá-lo abertamente, Costanzo, Summonte, Parrino e principalmente Bufferio". No entanto, parece difícil que deste último (que não conseguimos descobrir quem é) ele tenha tirado mais do que de Costanzo, de quem, "Se ao princípio correspondem o fim e o meio", ele deve ter entrelaçado, para dizer o mínimo, metade da história em sua própria; e mais do que de Parrino, do qual teremos que dizer algo em breve. (N. A.)

Portugal em 1640 é, na história de Giannone, transcrito da história de Nani, por mais de sete páginas in 4º, com pouquíssimas omissões, ou acréscimos ou variações, a mais considerável das quais é ter dividido em capítulos e parágrafos um texto que no original era contínuo.[8] Mas quem imaginaria que o advogado napolitano, ao narrar outras revoltas, não de Barcelona nem de Lisboa, mas a de Palermo em 1647 e a de Nápoles, contemporânea e mais célebre, devido à singularidade e importância dos acontecimentos e a Masaniello, não encontraria algo melhor a fazer do que pegar, não os materiais, mas a obra pronta, do cavaleiro e procurador de São Marcos? Quem pensaria nisso, especialmente depois de ler as palavras com as quais Giannone inicia aquele relato? E são estas: "Os acon-

---

8 Giannone. Ist. Civ. livro XXXVI, capítulo V, e o primeiro parágrafo do capítulo VI – Nani, Hist. Ven. parte I, livro XI, p.651-61 da edição citada. (N. A.)

tecimentos infelizes dessas revoluções foram descritos por vários autores: alguns quiseram fazê-los parecer portentosos e fora do curso da natureza; outros, com minúcias excessivamente sutis, desviaram os leitores, não permitindo que concebessem claramente as verdadeiras causas, intenções, desdobramentos e desfechos; por isso nós, seguindo os escritores mais sérios e prudentes, os reduziremos à sua justa e natural posição". No entanto, qualquer um pode ver, estabelecendo o confronto, como imediatamente depois dessas suas palavras, Giannone recorre às palavras de Nani,[9] misturando de vez em quando, especialmente no início, algumas de suas próprias, fazendo algumas mudanças aqui e ali, às vezes por necessidade, da mesma maneira que alguém que compra roupas usadas remove a etiqueta do antigo dono e põe a sua

---

9 Giannone, lib. XXXVII, cap.II, III e IV. – Nani, parte II, lib. IV, p.146-57. (N. A.)

História da Coluna Infame

própria. Assim, onde o veneziano diz "naquele reino", o napolitano substitui por "neste reino"; onde o contemporâneo diz que "restam facções quase inteiras", o póstero afirma que "restavam ainda os vestígios das antigas facções". É verdade que, além desses pequenos acréscimos ou variações, também encontramos naquele longuíssimo trecho, como retalhos remendados, alguns extratos mais extensos que não são de Nani. No entanto, algo realmente inacreditável acontece: quase todos esses trechos são retirados de outro autor, e quase palavra por palavra: obra de Domenico Parrino,[10] um escritor

---

10 Teatro heroico e político dos governos dos vice-reis do reino de Nápoles, etc. Nápoles, 1692, volume 2; Duque d'Arcos. O texto de Nani segue, com pouquíssimas e pequenas mudanças, como mencionado, sete parágrafos de Giannone, o último dos quais termina com as palavras: "exigiam e para suprir em outros lugares, e para defender o reino, grandíssimas provisões". E entra Parrino com as palavras: "O vice-rei Duque d'Arcos, encontrando-se angustiado pela necessidade de dinheiro", e assim por diante, com poucas

obscuro (ao contrário de muitos outros), mas muito lido, talvez até mais do que ele mesmo esperava, considerando que na Itália e além é tão lida quanto elogiada a *História civil do Reino de Nápoles*, que leva o nome de Pietro Giannone. Que, sem nos afastarmos desses dois períodos da história mencionados aqui, se, depois das re-

---

mudanças, como de costume, por dois parágrafos e aproximadamente metade do seguinte. Depois, Nani retorna e continua, primeiro sozinho, por um bom tempo, depois intercalado, por assim dizer, em xadrez, com Parrino. E há até períodos, reunidos de maneira mais ou menos adequada, mas com partes de um e do outro. Aqui está um exemplo: "Assim, em um momento, aquele incêndio que ameaçava a destruição do reino se extinguiu; e o que causou maior maravilha foi a súbita mudança de ânimos, que passaram imediatamente dos assassinatos, das rixas e dos ódios para lágrimas de ternura e abraços suaves, sem distinção entre amigos ou inimigos (Parrino, v.II, p.425): exceto por alguns poucos, que, guiados pela má consciência, escaparam fugindo, todos os outros voltaram aos seus ofícios, amaldiçoando as confusões passadas, abraçaram com alegria a tranquilidade presente (Nani, parte II, livro IV, p.157 da edição citada)". Giannone, livro XXXVII, capítulo IV, segundo parágrafo.

HISTÓRIA DA COLUNA INFAME

voltas catalã e portuguesa, Giannone transcreve de Nani a queda do favorito Olivares e depois transcreve de Parrino o chamado de volta do duque de Medina, vice-rei de Nápoles, que foi a consequência daquilo, e as manobras deste para ceder o cargo ao sucessor Enriquez de Cabrera o mais tarde possível. Igualmente de Parrino, em grande parte, vem o governo deste último; e então, de ambos, como uma composição, vem o governo do duque d'Arcos, durante todo o tempo que antecedeu as revoltas de Palermo e Nápoles, e, como dissemos, o progresso e o desfecho destas, sob o governo de dom João da Áustria e do conde d'Oñatte. Depois, apenas de Parrino, sempre em trechos longos ou fre-quentes pedaços, vem a expedição daquele vice--rei contra Piombino e Portolongone; depois, a tentativa do duque de Guise contra Nápoles; depois, a peste de 1656. Então, de Nani, a paz dos Pireneus, e de Parrino uma pequena adi-

{249}

ção que menciona os efeitos disso no reino de Nápoles.[11]

Voltaire, ao falar, no *Século de Luís XIV*, dos tribunais instituídos por esse rei em Metz e em Brisac depois da paz de Nimega, para decidir suas próprias pretensões sobre territórios de estados vizinhos, menciona, numa nota, Giannone com grande elogio, como era de se esperar, mas para fazer-lhe uma crítica. Aqui está a tradução daquela nota: "Giannone, tão célebre por sua útil história de Nápoles, diz que esses tribunais foram estabelecidos em Tournai. Erra frequentemente em assuntos que não são do seu país. Ele diz, por exemplo, que em Nimega, Luís XIV fez a paz com a Suécia; em vez disso, esta era

---

11 Ver Giannone, livro XXXVI, capítulo VI, o último; todo o livro XXXVII, que tem sete capítulos; e o preâmbulo do próximo livro – Nani, parte I, livro XII, p.738; parte II, livro III; IV; VIII – Parrino, volume II, p.296 ss., volume III, p.1 ss. (N. A.)

sua aliada".[12] Mas, deixando de lado o elogio, a crítica, neste caso, não é devida a Giannone, que, como em muitos outros casos, nem se deu ao trabalho de errar. É verdade que no livro do homem "tão célebre" se leem estas palavras: "Seguiu-se então a paz entre a França, a Suécia, o Império e o imperador" (nas quais, aliás, não sei se há mais ambiguidade do que erro); e estas outras: "Depois disso, os franceses abriram dois tribunais, um em Tournai e outro em Metz; e arrogando-se uma jurisdição nunca antes ouvida no mundo sobre os príncipes seus vizinhos, não só concederam à França, com o título de dependências, toda a região que quiseram, ao bel-prazer, nos limites de Flandres e do Império, mas também se apoderaram dela na prática, obrigando os habitantes a reconhecer o rei cristianíssimo como soberano, estabelecen-

---

12 Siècle de Louis XIV; chap.XVII, Paix de Ryswick, not. c. (N. A.)

do termos e exercendo todos aqueles atos de senhoria que os príncipes costumam praticar com seus súditos". Mas são palavras daquele pobre e ignorado Parrino,[13] não retiradas de sua obra de história, mas levadas em conjunto: pois com frequência Giannone, em vez de se contentar em colher uma fruta aqui e outra ali, arranca a árvore inteira e a transplanta para seu próprio jardim. Quase todo o relato da paz de Nimega é tirado de Parrino; assim como em grande parte, com muitas omissões, mas poucas adições, o vice-reinado do marquês de los Veles em Nápoles, no tempo em que essa paz foi concluída, e com o que Parrino encerra sua obra, e Giannone, o penúltimo livro da sua. E provavelmente (eu estava prestes a dizer com certeza) alguém que se divertisse em fazer

---

13 Giannone, lib. XXXIX, cap.último, p.461;463 del t. IV, Napoli, Niccolò Naso, 1723. – Parrino, t. III, p.553;567. (N. A.)

a comparação completa, para todo o período anterior da dominação espanhola em Nápoles, com o qual começa o trabalho de Parrino, encontraria em todos os lugares o que encontramos em várias partes, e, se não me engano, sem nunca ver citado o nome desse escritor tão saqueado.[14] Da mesma forma, Giannone retira muitas passagens de Sarpi, sem citá-lo de forma alguma, e toda a estrutura de uma de suas digressões;[15] como me foi apontado por uma pessoa erudita e gentil. E quem sabe quais outros furtos não observados desse autor alguém que investigasse poderia descobrir; mas o que vimos desse tipo de apropriação de outros escritores,

---

14 Mais tarde, ele foi frequentemente citado em notas de rodapé em algumas edições feitas após a morte de Giannone; mas o leitor que não sabe deve imaginar que ele é citado como testemunha dos fatos, não como autor do texto. (N. A.)

15 Sarpi, *Discorso dell'origine etc. dell'Uffizio dell'inquisizione*; *Opere varie*, Helmstat (Venezia t. I, p.340. – Giannone, Ist. Civ. lib. XV, cap.último. (N. A.)

não digo a seleção e ordem dos eventos, não digo os julgamentos, observações, o espírito, mas as páginas, os capítulos, os livros, é certamente, em um autor famoso e elogiado, o que se poderia chamar de um fenômeno. Seja esterilidade ou preguiça mental, foi certamente rara, assim como foi rara a coragem; mas o que há de único nele é a felicidade de permanecer, apesar de tudo (enquanto permanece), um grande homem. E que essa circunstância, juntamente com a oportunidade que o assunto nos proporciona, nos faça ser perdoados, caro leitor, por uma digressão, longa, para dizer a verdade, em uma parte secundária de um pequeno escrito.

Quem não conhece o fragmento de Parini sobre a Coluna Infame? Mas quem não ficaria espantado por não ver menção dele neste lugar?

Eis aqui, portanto, os poucos versos desse fragmento nos quais o célebre poeta infelizmente faz eco à multidão e à inscrição:

Quando, entre casas vis e no meio de algumas
Ruínas, eu vi uma praça ignóbil se abrir.
Ali, isolada, uma coluna se ergue
Entre relvas infrutíferas e pedras e fedor,
Onde ninguém jamais penetra, porque dali
O gênio propício à cidade ínsubre[16]
Todos afasta, clamando alto: longe,
Ó bons cidadãos, longe, para que o solo
Miserável e infame não vos contagie.[17]

Será essa realmente a opinião de Parini? Não se sabe; e tê-la expressado, porém, tão afirmativamente, mas em versos, não seria um argumento; porque naquela época era uma máxima aceita que os poetas tinham o privilégio

---

16 Palavra rara, que remete aos habitantes da Lombardia. (N. T.)
17 PROCUL. HINC. PROCUL. ERGO. BONI. CIVES. NE. VOS. INFELIX. INFAME. SOLUM. COMMACULET. (N. A.) "Afastai-vos, distanciem-se, portanto, ó cidadãos de bem, para que vosso infeliz e infame solo não seja contaminado." Em latim no original. (N. T.)

de aproveitar todas as crenças, verdadeiras ou falsas, que fossem capazes de produzir uma impressão forte ou agradável. O privilégio! Manter e acalentar os homens no erro, um privilégio! Mas respondiam que tal inconveniente não poderia surgir, porque ninguém acreditava que os poetas realmente dissessem a verdade. Não há réplica: apenas pode parecer estranho que os poetas estivessem contentes com a permissão e o motivo.

Finalmente, chegou Pietro Verri, o primeiro a ver e dizer, depois de 147 anos, quem foram os verdadeiros carrascos, o primeiro a pedir compaixão pelos inocentes tão brutalmente massacrados e tão tolamente abominados, uma compaixão tão mais devida quanto mais tardia. Mas o quê? Suas *Observações*, escritas em 1777, só foram publicadas em 1804, junto com suas outras obras, editadas e inéditas, na coleção dos "Escritores clássicos italianos de economia política". E o editor explica esse atraso nas

"Notícias" precedendo as obras mencionadas. "Acreditou-se", diz ele, "que a estima do Senado pudesse ser manchada pela antiga infâmia." Efeito comuníssimo naquela época de espírito corporativista, pelo qual cada um, em vez de admitir que seus antecessores falharam, fazia seus até os despropósitos de que não era autor. Agora, tal espírito não encontraria a oportunidade de se estender tanto no passado, já que, em quase todo o continente da Europa, as corporações são de data recente, exceto alguns poucos, sobretudo excetuando-se um deles, que, não tendo sido instituído pelos homens, não pode ser abolido nem revogado. Além disso, esse espírito é combatido e enfraquecido mais do que nunca pelo espírito de individualidade: o "eu" se considera muito rico para mendigar do "nós". E nesse aspecto, é um remédio; Deus nos livre de dizer: em tudo.

De qualquer forma, Pietro Verri não era homem para sacrificar, por um respeito desse tipo, a manifestação de uma verdade tornada importante pela credibilidade que o erro possuía, e mais ainda pelo propósito que ele pretendia fazê-la servir; mas havia uma circunstância pela qual o respeito tornava-se justo. O pai do ilustre escritor era presidente do Senado. Assim, muitas vezes aconteceu que até as boas razões ajudaram as más, e que, pela força de ambas, uma verdade, depois de ter demorado muito para nascer, teve de permanecer oculta ainda um tanto.

SOBRE O LIVRO

Formato: 11,5 x 18 cm
Mancha: 19,7 x 33 paicas
Tipologia: Adobe Jenson Regular 13/17
Papel: Off-white 80 g/m² (miolo)
Couché 120 g/m² encartonado (capa)
1ª edição Editora Unesp: 2024

EQUIPE DE REALIZAÇÃO

Edição de textos
Silvia Massimini Felix (Copidesque)
Rita Ferreira (Revisão)

Diagramação
Eduardo Seiji Seki

Assistente de produção
Erick Abreu

Assistência editorial
Alberto Bononi
Gabriel Joppert

Coleção Pequenos Frascos

A arte de pagar suas dívidas: E satisfazer seus credores sem desembolsar um tostão
Émile Marco de Saint-Hilaire

A história de Nicolas I, Rei do Paraguai e Imperador dos Mamelucos: Seguido de Últimas notícias vindas do Paraguai
Anônimo

Como escolher amantes e outros escritos
Benjamin Franklin

Diálogo no inferno entre Maquiavel e Montesquieu: Ou a política de Maquiavel no século XIX, por um contemporâneo
Maurice Joly

*Em defesa das mulheres: Das calúnias dos homens –
com um catálogo das espanholas que mais se
destacaram nas ciências e nas armas*
Juan Bautista Cubíe

Escritos sobre ciência e religião
Thomas Henry Huxley

Modesta proposta: E outros textos satíricos
Jonathan Swift

O filósofo autodidata
Ibn Tufayl

O teatro à moda
Benedetto Marcello

Pensamentos vegetarianos
Voltaire

Reflexões e máximas
Vauvenargues (Luc de Clapier)

Regras para bem viver
Conde de Chesterfield, Robert Dosley, John Hill

Sobre o suplício da guilhotina
Cabanis

Textos autobiográficos: E outros escritos
Jean-Jacques Rousseau

Impresso por Gráfica Santa Marta
em Junho de 2024

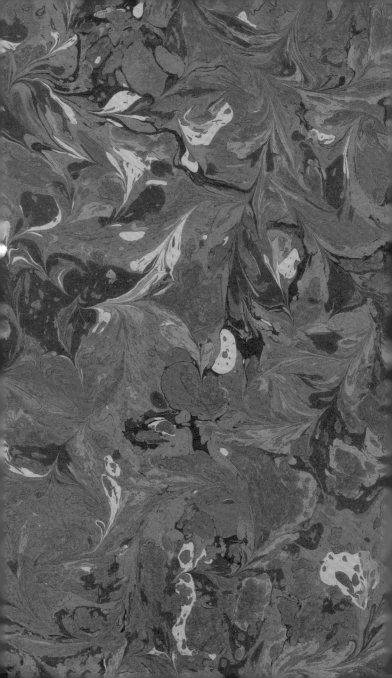